# SOBRE RACINE

Roland Barthes

# SOBRE RACINE

Tradução | Ivone C. Benedetti
Revisão da tradução | Márcia Valéria Martinez de Aguiar

**Martins Fontes**
São Paulo 2008

*Esta obra foi publicada originalmente em francês com o título*
*SUR RACINE*
*por Éditions du Seuil, Paris.*
*Copyright © Éditions du Seuil, 1963.*
*Copyright © 2008, Livraria Martins Fontes Editora Ltda.,*
*São Paulo, para a presente edição.*

**1ª edição** 2008

**Tradução**
IVONE C. BENEDETTI

**Revisão da tradução**
*Márcia Valéria Martinez de Aguiar*
**Acompanhamento editorial**
*Luciana Veit*
**Revisões gráficas**
*Sandra Garcia Cortes*
*Marisa Rosa Teixeira*
**Produção gráfica**
*Geraldo Alves*
**Paginação/Fotolitos**
*Studio 3 Desenvolvimento Editorial*

---

**Dados Internacionais de Catalogação na Publicação (CIP)**
**(Câmara Brasileira do Livro, SP, Brasil)**

Barthes, Roland, 1915-1980.
 Sobre Racine / Roland Barthes ; tradução Ivone Castilho Benedetti ; revisão da tradução Márcia Valéria Martinez de Aguiar. – São Paulo : Editora WMF Martins Fontes, 2008.

 Título original: Sur Racine.
 Bibliografia.
 ISBN 978-85-7827-038-4

 1. Racine, Jean, 1639-1699 – Crítica e interpretação 2. Teatro francês (Tragédia) – História e crítica I. Título.

08-05100                                                                                                 CDD-842.4

**Índices para catálogo sistemático:**
1. Teatro francês : História e crítica   842.4

*Todos os direitos desta edição reservados à*
**Livraria Martins Fontes Editora Ltda.**
*Rua Conselheiro Ramalho, 330  01325-000 São Paulo SP Brasil*
*Tel. (11) 3241.3677  Fax (11) 3101.1042*
*e-mail: info@wmfmartinsfontes.com.br  http://www.wmfmartinsfontes.com.br*

| **Índice** |

*Nota prévia* .................................... VII

**I. O Homem raciniano** ..................... 1
   *A estrutura* ................................. 3
   *A Câmara* ................................... 4
   *Os três espaços exteriores: morte, fuga, acontecimento* . 6
   *A horda* ..................................... 10
   *Os dois Eros* ................................ 13
   *Perturbação* ................................. 19
   *A "cena" erótica* ............................ 22
   *O tenebroso raciniano* ....................... 26
   *Relação fundamental* ......................... 30
   *Técnicas de agressão* ........................ 34
   *A gente* ..................................... 42

| | |
|---|---|
| *A divisão* | 46 |
| *O Pai* | 48 |
| *A reviravolta* | 52 |
| *A Culpa* | 57 |
| *O "dogmatismo" do herói raciniano* | 59 |
| *Esboços de soluções* | 63 |
| *O Confidente* | 66 |
| *O medo dos signos* | 69 |
| *Logos e Práxis* | 72 |

**Obras** .................................................. 77
   *A Tebaida* .......................................... 77
   *Alexandre* .......................................... 84
   *Andrômaca* ......................................... 90
   *Britânico* ........................................... 102
   *Berenice* ............................................ 112
   *Bajazet* ............................................. 120
   *Mitrídates* .......................................... 128
   *Ifigênia* ............................................. 133
   *Fedra* .............................................. 143
   *Ester* ............................................... 153
   *Atalia* .............................................. 158

**II. Declamar Racine** ................................... 169

**III. História ou literatura?** ............................ 183

| **Nota prévia** |

*Eis aqui três estudos sobre Racine: nasceram em circunstâncias diversas, e aqui não procuraremos dar-lhes unidade retrospectiva.*
*O primeiro (*O Homem raciniano*) apareceu na edição do Teatro de Racine publicada pelo Club français du Livre[1]. Sua linguagem é um tanto psicanalítica, mas o tratamento não o é; não o é de direito, porque já existe uma excelente psicanálise de Racine, a de Charles Mauron[2], a quem devo muito; não o é de fato, porque a análise aqui apresentada não concerne de modo nenhum a Racine, mas somente ao herói raciniano: ela evita inferir o autor da obra e a obra do autor; é uma análise voluntariamente fechada: coloquei-me no mundo trágico de Racine e tentei descrever sua população (que poderíamos facilmente abstrair sob o conceito de* Homo

---

[1]. Tomos XI e XII da coleção *Théâtre classique français*, Club français du Livre, Paris, 1960.
[2]. Charles Mauron, *L'Inconscient dans l'oeuvre et la vie de Racine*, Gap, Ophrys, 1957.

racinianus), *sem nenhuma referência a uma fonte deste mundo (tirada, por exemplo, da história ou da biografia). Tentei reconstituir uma espécie de antropologia raciniana, ao mesmo tempo estrutural e analítica: estrutural no fundo, porque a tragédia é aqui tratada como um sistema de unidades (as "figuras") e de funções*[3]*; analítica na forma, porque só uma linguagem apta a acolher o medo do mundo, como acredito ser a psicanálise, pareceu-me convir ao encontro com um homem fechado.*

*O segundo estudo (*Dizer Racine*) é constituído pela resenha de uma representação de Fedra, no T.N.P.*[4]*. A circunstância está hoje ultrapassada, mas parece-me sempre atual confrontar a representação psicológica e a representação trágica, e apreciar, assim, se ainda podemos representar Racine. Além disso, embora esse estudo seja dedicado a um problema de teatro, veremos que nele o ator raciniano só é louvado na medida em que renuncia ao prestígio da noção tradicional de* personagem, *para atingir a noção de* figura, *isto é, de forma de uma função trágica, tal como esta foi analisada no primeiro texto.*

*O terceiro estudo (*História ou literatura?*) é inteiramente dedicado, através de Racine, a um problema geral de crítica. O texto foi publicado na rubrica* Débats et combats *da revista* Annales[5];

---

3. Esse primeiro estudo comporta duas partes. Diríamos, em termos estruturais, que uma é de ordem sistemática (analisa figuras e funções) e outra é de ordem sintagmática (retoma, em extensão, os elementos sistemáticos no nível de cada obra).

4. Publicada em *Théâtre populaire*, nº 29, março de 1958. [T.N.P.: Théâtre National Populaire, criado oficialmente em 1920, teve sua época áurea sob a direção de Jean Vilar (1951 a 1963). Roland Barthes escreveu muitos textos sobre o T.N.P. nesse período. Ver *Escritos sobre teatro*, São Paulo, Martins Fontes, 2006. (N. da Coord.)]

5. *Annales* nº 3, maio-junho 1960.

| *Nota prévia* |

*ele comporta um interlocutor implícito: o historiador da literatura, de formação universitária, a quem se pede, aqui, que empreenda uma verdadeira história da instituição literária (se quiser ser historiador), ou então que assuma abertamente a psicologia à qual se refere (se quiser ser crítico).*

*Resta dizer algumas palavras sobre a atualidade de Racine (por que falar de Racine hoje?). Como se sabe, essa atualidade é muito rica. A obra de Racine esteve mesclada a todas as tentativas críticas de alguma importância empreendidas na França na última década: crítica sociológica com Lucien Goldmann, psicanalítica com Charles Mauron, biográfica com Jean Pommier e Raymond Picard, de psicologia profunda com Georges Poulet e Jean Starobinski; a tal ponto que, por um notável paradoxo, o autor francês que é sem dúvida o mais ligado à idéia de uma* transparência *clássica é o único que conseguiu fazer convergir para si todas as linguagens novas do século.*

*Isso porque, na verdade, a transparência é um valor ambíguo: é ao mesmo tempo aquilo sobre o que nada há para dizer e aquilo sobre o que mais há para dizer. Portanto, é a própria transparência que faz de Racine um verdadeiro lugar-comum de nossa literatura, uma espécie de grau zero do objeto crítico, um lugar vazio mas eternamente oferecido à significação. Se a literatura é essencialmente, como acredito, ao mesmo tempo sentido posto e sentido frustrado, sem dúvida Racine é o maior escritor francês; seu gênio não estaria, então, situado em especial em nenhuma das virtudes que, sucessivamente, fizeram sua fortuna (pois a definição ética de Racine não cessou de variar), mas numa arte sem igual da dispo-*

*nibilidade, que lhe possibilita manter-se eternamente no campo de qualquer linguagem crítica.*

*Essa disponibilidade não é uma virtude menor; é, pelo contrário, o próprio ser da literatura, levado a seu paroxismo. Escrever é abalar o sentido do mundo, colocar nele uma interrogação indireta, à qual o escritor, num último suspense, abstém-se de responder. A resposta quem dá é cada um de nós, contribuindo cada um com sua história, sua linguagem, sua liberdade; mas como história, linguagem e liberdade mudam infinitamente, a resposta do mundo ao escritor é infinita: nunca se cessa de responder ao que foi escrito fora de qualquer resposta: afirmados, depois rivalizados e depois substituídos, os sentidos passam, a pergunta fica.*

*Assim se explica, sem dúvida, que haja um ser trans-histórico da literatura; esse ser é um sistema funcional no qual um termo é fixo (a obra), e o outro, variável (o mundo, o tempo que consomem essa obra). Mas, para que o jogo se cumpra, para que possamos ainda hoje falar de Racine como algo novo, é preciso respeitar certas regras; por um lado, é preciso que a obra seja verdadeiramente uma forma, que ela designe verdadeiramente um sentido trêmulo, e não um sentido fechado; por outro lado (pois nossa responsabilidade não é pequena), é preciso que o mundo responda assertivamente à pergunta da obra, que ele preencha francamente, com sua própria matéria, o sentido posto; em suma, é preciso que à duplicidade fatal do escritor, que interroga sob pretexto de afirmar, corresponda a duplicidade do crítico, que responde sob pretexto de interrogar.*

*Alusão e asserção, silêncio da obra que fala e fala do homem que escuta, tal é o sopro infinito da literatura no mundo e na his-*

| *Nota prévia* |

*tória. E é por ter honrado perfeitamente o princípio alusivo da obra literária que Racine nos incita a representar plenamente nosso papel assertivo. Portanto, afirmemos sem reservas, cada um por conta de sua própria história e de sua própria liberdade, a verdade histórica ou psicológica ou psicanalítica ou poética de Racine; experimentemos em Racine – visto seu próprio silêncio – todas as linguagens que nosso século nos sugere; nossa resposta será sempre efêmera, e é por isso que ela pode ser inteira; dogmáticos porém responsáveis, não devemos abrigá-la sob uma "verdade" de Racine que somente o nosso tempo teria descoberto (por qual presunção?); bastará que nossa resposta a Racine empenhe, bem além de nós mesmos, toda a linguagem através da qual nosso mundo fala a si mesmo, linguagem que é uma parte essencial da história que ele se dá.*

R. B.

# I. O HOMEM RACINIANO

**A estrutura**

Há três Mediterrâneos em Racine: o antigo, o judaico e o bizantino. Mas, poeticamente, esses três espaços formam um único complexo de água, poeira e fogo. Os grandes lugares trágicos são terras áridas, apertadas entre mar e deserto, sombra e sol levados ao estado absoluto. Basta visitar a Grécia de hoje para compreender a violência da pequenez e o quanto a tragédia raciniana, por sua natureza "constrita", combina com esses lugares que Racine nunca viu: Tebas, Butroto e Trezena, capitais da tragédia, são vilarejos. Trezena, onde Fedra morre, é uma colina árida, fortificada por pedregulhos. O sol cria um exterior puro, nítido, despovoado; a vida está na sombra, que é ao mesmo tempo repouso, segredo, troca e falta. Mesmo fora de casa, não há uma aragem verdadeira: é o maquis, o deserto, um espaço não organizado. O habitat raciniano conhece um só sonho de fuga: o mar, os navios. Em *Ifigênia*, todo um povo fica prisioneiro da tragédia porque o vento não sopra.

## A Câmara

Essa geografia apóia uma relação particular da casa com seu exterior, do palácio raciniano com suas cercanias. Embora a cena seja única, conforme à regra, podemos dizer que há três lugares trágicos. Há primeiramente a Câmara: resquício do antro mítico, é o lugar invisível e perigoso onde o Poder está emboscado: Câmara de Nero, palácio de Assuero, Santo dos Santos onde se abriga o Deus judaico; esse antro tem um substituto freqüente: o exílio do Rei, ameaçador porque nunca se sabe se o Rei está vivo ou morto (Amurat, Mitrídates, Teseu). As personagens só falam desse lugar indefinido com respeito e terror, quase não ousam entrar nele, passam diante dele com ansiedade. A Câmara é, ao mesmo tempo, a morada do Poder e sua essência, pois o Poder é apenas um segredo: sua forma esgota sua função: ele mata por ser invisível: em *Bajazet*, são os mudos e o negro Orcan que trazem a morte e, com o silêncio e a escuridão, prolongam a terrível inércia do Poder ocultado[1].

---

1. A função da Câmara real está bem expressa nestes versos de *Esther* [*Ester*]:
   *Au fond de leur palais leur majesté terrible*
   *Affecte à leurs sujets de se rendre invisible;*

A Câmara é contígua ao segundo lugar trágico, que é a Antecâmara, espaço eterno de todas as sujeições, pois é ali que *se espera*. A Antecâmara (a cena propriamente dita) é um meio de transmissão; participa ao mesmo tempo do interior e do exterior, do Poder e do Acontecimento, do oculto e do extenso; presa entre o mundo, lugar da ação, e a Câmara, lugar do silêncio, a Antecâmara é o espaço da linguagem: é ali que o homem trágico, perdido entre a letra e o sentido das coisas, fala suas razões. A cena trágica não é, pois, propriamente secreta[2]; antes, é um espaço cego, passagem ansiosa do segredo à efusão, do medo imediato ao medo dito: é armadilha farejada, e é por isso que a permanência nela imposta à personagem trágica é sempre de extrema mobilidade (na tragédia grega, é o coro que espera, é ele que se move no espaço circular, ou orquestra, situado diante do Palácio).

Entre a Câmara e a Antecâmara, há um objeto trágico que exprime, de modo ameaçador, ao mesmo tempo a contigüidade e a troca, o roçar do caçador e da presa: é a Porta. Ali se vigia, ali se treme; ultrapassá-la é uma tentação e uma transgressão: todo o poder de Agripina se exerce à porta de Nero. A Porta tem um substituto ativo, necessário quando o Poder quer es-

..........................

*Et la mort est le prix de tout audacieux*
*Qui sans être appelé se présente à leurs yeux* (I, 3.)
[No fundo de seu palácio, sua majestade terrível / A seus súditos afeta tornar-se invisível; / E a morte é o prêmio de todo audacioso / Que sem ser chamado se apresenta a seus olhos.]

2. Sobre o fechamento do lugar raciniano, ver Bernard Dort, *Huis clos racinien*, Cahiers Renaud-Barrault, VIII.

piar a Antecâmara ou paralisar a personagem que lá está, é o Véu (*Britânico*, *Ester*, *Atalia*); o Véu (ou a Parede que escuta) não é uma matéria inerte destinada a esconder, ele é pálpebra, símbolo do Olhar mascarado, de modo que a Antecâmara é um lugar-objeto cercado de todos os lados por um espaço-sujeito; a cena raciniana é, assim, duplamente espetáculo, aos olhos do invisível e aos olhos do espectador (o lugar que melhor exprime essa contradição trágica é o Serralho de *Bajazet*).

O terceiro lugar trágico é o Exterior. Da Antecâmara ao Exterior, não há nenhuma transição; eles estão colados um ao outro de modo tão imediato quanto a Antecâmara e a Câmara. Essa contigüidade é expressa poeticamente pela natureza por assim dizer linear do recinto trágico: as paredes do Palácio mergulham no mar, as escadas dão para navios prestes a partir, as muralhas são um balcão colocado acima do próprio combate, e, se existem caminhos secretos, estes já não fazem parte da tragédia, já são a fuga. Assim, a linha que separa a tragédia de sua negação é tênue, quase abstrata; trata-se de um *limite* no sentido ritual do termo: a tragédia é, ao mesmo tempo, prisão e proteção contra o impuro, contra tudo o que não é ela mesma.

## Os três espaços exteriores: morte, fuga, acontecimento

O Exterior é, com efeito, a extensão da não-tragédia; ele contém três espaços: o da morte, o da fuga, o do Acontecimento. A morte física jamais pertence ao espaço trágico: diz-se que é por decência[3]; mas o que a decência afasta na morte carnal é um elemento estranho à tragédia, uma "impureza", a espessura de uma realidade escandalosa porque já não pertence à ordem da linguagem, que é a única ordem trágica: na tragédia nunca se morre, porque sempre se fala. E, inversamente, para o herói, sair da cena é morrer, de uma maneira ou de outra: os "*saia*" de Roxana a Bajazet são sentenças de morte, e esse movimento é o modelo de toda uma série de desfechos nos quais basta ao carrasco despedir ou afastar a presa para fazê-la morrer, como se o simples contato com o ar exterior fosse dissolvê-la ou fulminá-la: quantas vítimas racinianas morrem assim por já não estarem protegidas por aquele lugar trágico que, no entanto – como diziam –, causava-lhes um sofrimento mortal (Britânico, Bajazet, Hipólito). A imagem essencial dessa morte exterior, em que a vítima definha lentamente fora do ar trágico, é o Oriente de *Berenice*, para onde os heróis são interminavelmente chamados para a não-tragédia. De maneira mais geral, transplantado para fora do espaço trágico, o homem raciniano *se entedia*: percorre todo o espaço real como uma sucessão de cadeias (Orestes, Antíoco, Hipólito): aí, evidentemente, o tédio é um substituto da morte: todas as condutas que suspendem a linguagem põem fim à vida.

---

[3]. Atálida *se mata* em cena, mas *expira* fora de cena. Nada ilustra melhor a disjunção entre gesto e realidade. [A decência (*bienséance*) era uma das regras do teatro clássico francês. (N. da Coord.)]

O segundo espaço exterior é o da fuga: mas a fuga nunca é nomeada, a não ser pela casta inferior dos familiares; os confidentes e os comparsas (Acomat, Zarex) recomendam incessantemente aos heróis a fuga em um daqueles inúmeros barcos que passam diante de toda tragédia raciniana, para demonstrar o quanto sua negação está próxima e é fácil[4] (há apenas um barco-prisão em Racine, é aquele em que a cativa Erífila se apaixona por seu raptor). Aliás, o Exterior é um espaço ritualmente devoluto, isto é, consignado e destinado a todo o pessoal não trágico, à maneira de um gueto às avessas, pois nele o que é tabu é a amplidão do espaço, e o fechamento, um privilégio: é para ali e dali que vão e vêm os confidentes, criados, mensageiros, matronas e guardas, encarregados de alimentar a tragédia com acontecimentos: suas entradas e saídas são tarefas, não sinais ou atos. No conclave infinito (e infinitamente estéril) que é toda tragédia, eles são os secretários oficiosos que preservam o herói do contato profano com o real, poupam-no, por assim dizer, da cozinha trivial do *fazer* e só lhe transmitem o acontecimento pronto, reduzido ao estado de causa pura. Esta é a terceira função do espaço exterior: manter o ato numa espécie de quarentena, em que só pode penetrar uma população neutra, encarregada de fazer a triagem dos acontecimentos, de extrair

---

4. *Nos vaisseaux sont tout prêts et le vent nous appelle...* (*Andromaque*, III,1.)
   *Des vaisseaux dans Ostie armés en diligence...* (*Bérénice*, I, 3.)
   *Déjà sur un vaisseau dans le port préparé...* (*Bajazet*, III, 2.)
   [Nossos barcos estão prontos e o vento nos chama...
   Barcos em Óstia armados diligentemente...;
   Já num barco preparado no porto...]

de cada um deles a essência trágica e de só trazer à cena fragmentos de exterior purificados sob o nome de notícias, enobrecidos sob o nome de relatos (batalhas, suicídios, retornos, assassinatos, festins, prodígios). Pois, diante dessa ordem exclusiva da linguagem que é a tragédia, o ato é a própria impureza.

Além disso, nada mostra melhor a disparidade física dos dois espaços, o interno e o externo, do que um curioso fenômeno de distorção temporal que Racine descreveu perfeitamente em *Bajazet*: entre o tempo exterior e o tempo fechado, há o tempo da mensagem, de modo que nunca se está seguro de que o acontecimento recebido seja o mesmo que o acontecimento ocorrido: o acontecimento exterior, em suma, nunca está *terminado*, ele não conclui sua transformação em pura causa: fechado na Antecâmara, recebendo do exterior apenas o alimento que lhe traz o confidente, o herói vive numa incerteza irremediável: o acontecimento lhe *falta*: há sempre um tempo a mais, o próprio tempo do espaço: esse problema inteiramente einsteniano constitui a maior parte das ações trágicas[5]. Em re-

---

5. *Mais comme vous savez, malgré ma diligence,*
   *Un long chemin sépare et le camp et Byzance;*
   *Mille obstacles divers m'ont même traversé,*
   *Et je puis ignorer tout ce qui s'est passé.* (*Bajazet*, I, 1.)

   *Ce combat doit, dit-on, fixer nos destinées;*
   *Et même, si d'Osmin je compte les journées,*
   *Le Ciel en a déjà réglé l'événement,*
   *Et le Sultan triomphe ou fuit en ce moment.* (*Bajazet*, I, 2.)

   [Mas, como sabeis, apesar de minha diligência, / Um longo caminho separa o acampamento e Bizâncio; / Mil obstáculos diversos atravessaram minha passagem, / E posso ignorar tudo o que aconteceu.

   Esse combate, dizem, deve decidir nossos destinos; / E, até, se conto os dias de Osmin, / O Céu já decidiu o acontecimento, / E o Sultão triunfa ou foge neste momento.]

sumo, a topografia raciniana é convergente: tudo converge para o lugar trágico, mas nele tudo se envisca. O lugar trágico é um lugar *estupefato*, preso entre dois medos, entre dois fantasmas: o da extensão e o da profundidade.

## A horda

Portanto, uma primeira definição do herói trágico é a seguinte: ele é o encerrado, aquele que não pode sair sem morrer: seu limite é seu privilégio; o cativeiro, sua distinção. Afora o povo da criadagem, definido paradoxalmente por sua liberdade, o que resta no lugar trágico? uma casta gloriosa na proporção direta de sua imobilidade. De onde vem ela?

Alguns autores[6] afirmaram que, nos tempos mais recuados de nossa história, os homens viviam em hordas selvagens; cada horda estava submetida ao macho mais vigoroso, que possuía indistintamente mulheres, crianças e bens. Os filhos eram despossuídos de tudo, a força do pai os impedia de obter as mulheres, irmãs ou mães, que eles cobiçavam. Se, por infelicidade, provocavam o ciúme do pai, eram impiedosamente mortos, castrados ou banidos. Por isso – dizem tais autores –, os filhos acabaram por unir-se para matar o pai e tomar seu lugar. Morto o pai, a discórdia irrompeu entre os filhos; estes disputaram

---

6. Darwin e Atkinson, retomados por Freud (*Moïse et le monothéisme*, p. 124 [Trad. bras. *Moisés e o monoteísmo, esboço de psicanálise*, Rio de Janeiro, Imago, 2006]).

duramente a herança, e somente após um longo tempo de lutas fratricidas vieram a fundar entre eles uma aliança razoável: cada um renunciava a cobiçar a mãe ou as irmãs: o tabu do incesto estava instituído.

Essa história, mesmo sendo ficção, constitui todo o teatro de Racine. Se das onze tragédias fizermos uma tragédia essencial; se dispusermos, numa espécie de constelação exemplar, essa tribo de mais ou menos cinqüenta personagens trágicos que habita a tragédia raciniana, encontraremos as figuras e as ações da horda primitiva: o pai, proprietário incondicional da vida dos filhos (Amurat, Mitrídates, Agamenon, Teseu, Mardoqueu, Joade, até mesmo Agripina); as mulheres, ao mesmo tempo mães, irmãs e amantes, sempre cobiçadas, raramente obtidas (Andrômaca, Júnia, Atalida, Mônima); os irmãos, sempre inimigos porque disputam a herança de um pai que não está completamente morto e volta para puni-los (Eteocles e Polinice, Nero e Britânico, Farnace e Xifares); o filho enfim, dilacerado até a morte entre o terror do pai e a necessidade de destruí-lo (Pirro, Nero, Tito, Farnace, Atalia). Incesto, rivalidade dos irmãos, assassinato do pai e subversão dos filhos, essas são as ações fundamentais do teatro raciniano.

Não sabemos bem o que é representado aqui. Será – de acordo com a hipótese de Darwin – um velhíssimo acervo folclórico, um estado mais ou menos associal da humanidade? Será – de acordo com a hipótese de Freud – a primeiríssima história da psique, reproduzida na infância de cada um de nós? Verifico apenas que o teatro raciniano só encontra coerência no nível daquela fábula antiga, situada muito atrás da história ou da psique humana[7]: a pureza da língua, as graças do alexandrino, a precisão da "psicologia" e o conformismo da metafísica são aqui proteções muito tênues; o solo arcaico está ali, muito perto. Essa ação original não é desempenhada por *personagens*, no sentido moderno da palavra; Racine, acompanhando sua época, chamava-os com muito mais justeza de *atores*; trata-se, no fundo, de máscaras, figuras cujas diferenças não provêm do registro de nascimento, mas da posição que ocupam na configuração geral que as mantém encerradas; ora é a função que as distingue (o pai se opõe ao filho, por exemplo), ora é seu grau de emancipação em relação à figura mais regressiva de sua linhagem (Pirro representa um filho mais liberto que Nero; Farnaces, que Xifares; Tito, que Antíoco; Hermione representa uma fidelidade menos flexível que a de Andrômaca). Assim, o discurso raciniano apresenta grandes massas de linguagem indivisa, como se, através das diferentes falas, uma única e mesma pessoa se expressasse; em relação a essa fala profunda, o recorte puríssimo do verbo raciniano funciona como um verdadeiro chamado; a linguagem é aforística, não realista; destina-se expressamente à citação.

---

7. "Racine não retrata o homem como ele é, mas um pouco abaixo e fora dele, naquele ponto em que os outros membros da família, os médicos e os tribunais começariam a ficar preocupados, caso não se tratasse de teatro" (Ch. Mauron, *L'Inconscient dans l'oeuvre et la vie de Racine*).

## Os dois Eros

A unidade trágica, portanto, não é o indivíduo, mas a figura, ou melhor, a função que a define. Na horda primitiva, as relações humanas se situam em duas categorias principais: a relação de cobiça e a relação de autoridade; são elas que encontramos obsessivamente em Racine.

Há dois Eros racinianos. O primeiro nasce entre os amantes de uma longínqua comunidade de existência: foram criados juntos, amam-se (ou um ama o outro) desde a infância (Británico e Júnia, Antíoco e Berenice, Bajazet e Atalida); a geração do amor comporta uma duração, um amadurecimento imperceptível; em suma, entre os dois parceiros há uma mediação, a mediação do tempo, do Passado, enfim de uma legalidade: foram os pais que fundaram a legitimidade desse amor: a amante é uma irmã que se cobiça com autorização, portanto em paz; seria possível chamar esse amor de Eros sororal; seu futuro é pacífico, ele é contrariado apenas pelo exterior; parece que seu sucesso decorre da própria origem: como aceitou nascer através de uma mediação, a infelicidade não lhe é fatal.

O outro Amor, ao contrário, é um amor imediato; nasce bruscamente; sua geração não admite latência, ele surge à maneira de um acontecimento absoluto, o que é expresso, em geral, por um passado definido como brutal (*eu o vi, ela me agradou* etc.). Esse Eros-Acontecimento é o Eros que liga Nero a Júnia, Berenice a Tito, Roxana a Bajazet, Erifila a Aquiles, Fedra a Hipólito. O herói é capturado, atado como num rapto, e essa captura é sempre de ordem visual (voltaremos a isso): amar é ver. Esses dois Eros são incompatíveis, não se pode passar de um ao outro, do amor-arrebatamento (sempre condenado) ao amor-duração (sempre esperado), e essa é uma das formas fundamentais do fracasso raciniano. Sem dúvida, o amante infeliz, aquele que não conseguiu *arrebatar*, sempre pode tentar substituir o Eros imediato por uma espécie de substituto do Eros sororal; pode, por exemplo, enumerar as *razões* que há para amá-lo[8], tentar introduzir uma mediação nessa relação malograda, recorrer a uma causalidade; pode imaginar que, à força de ser visto, será amado, que a coexistência, fundamento do amor sororal, acabará por produzir esse amor. Mas essas são, precisamente, *razões*, ou seja, uma linguagem destinada a mascarar o fracasso inevitável. O amor sororal é, antes, dado como uma utopia, um longínquo muito antigo ou muito futuro (cuja versão institucional seria o casamento, tão importante para Racine). O Eros real, o *retratado*, ou seja, imobilizado no quadro trágico, é o Eros imediato. E, justa-

----

**8.** *Ouvrez les yeux, Seigneur, et songeons entre nous*
*Par combien de raisons Bérénice est à vous.* (*Bér.* III, 2.)

*Quoi! Madame, les soins qu'il a pris pour vous plaire,*
*Ce que vous avez fait, ce que vous pouvez faire,*
*Ses périls, ses respects, et surtout vos appas,*
*Tout cela de son coeur ne vous répond-il pas?* (*Baj.* I, 3.)

[Abri os olhos, Senhor, e pensemos entre nós / Por quantas razões Berenice é vossa. Como! Senhora, os cuidados que ele teve em vos agradar, / O que fizestes, o que podeis fazer, / Seus perigos, seus respeitos e, sobretudo, vossa sedução, / Tudo isso ele não vos responde com seu coração?]

mente, por ser um Eros predador, pressupõe toda uma física da imagem, uma *óptica*, no sentido próprio.

Nada conhecemos sobre a idade e a beleza dos apaixonados racinianos. Periodicamente, trava-se uma verdadeira batalha para se saber quão jovem é Fedra, se Nero é adolescente, se Berenice é mulher madura, se Mitrídates é um homem ainda atraente. Decerto são conhecidas as normas da época, sabe-se que *era possível fazer uma declaração de amor a uma donzela de quatorze anos sem que ela se ofendesse,* e que *a mulher é feia depois dos trinta anos*; mas isso tem pouca importância: a beleza raciniana é abstrata no sentido de ser sempre *nomeada*; Racine diz: Bajazet é encantador, Berenice tem belas mãos; o conceito, de alguma maneira, dispensa da coisa[9]. Seria possível dizer que a beleza é uma decência, uma característica de classe, e não uma constituição anatômica: não há esforço naquilo que se poderia chamar de adjetividade do corpo.

No entanto, o Eros raciniano (pelo menos o Eros imediato de que falaremos doravante) nunca é sublimado; saindo completamente armado e *perfeito* de uma pura visão, ele se

---
**9.** Por exemplo:
*Cette fière princesse a percé son beau sein...*
*J'ai senti son beau corps tout froid entre mes bras...* (*Teb.* V, 5.)
*On sait qu'elle est charmante, et de si belles mains*
*Semblent vous demander l'empire des humains.* (*Ber.* II, 2.)
*Bajazet est aimable; il vit que son salut...* (*Baj.* I, 2.)
[Aquela altiva princesa transpassou o belo seio... / Senti seu belo corpo frio entre meus braços...
Sabe-se que ela é sedutora, e tão belas mãos / Parecem pedir-vos o império dos humanos.
Bajazet é encantador; e viu que sua salvação...]

imobiliza na fascinação perpétua do corpo contrário, reproduz infinitamente a cena original que o formou (Berenice, Fedra, Erifila e Nero *revivem* o nascimento de seu amor[10]); a narrativa que esses heróis fazem desse amor aos confidentes não é, evidentemente, uma informação, mas um verdadeiro protocolo obsessivo; aliás, é por ser pura prova de fascinação que em Racine o amor se distingue tão pouco do ódio; o ódio é francamente físico, é sentimento agudo do outro corpo; tal como o amor, nasce da visão e dela se alimenta; e, tal como o amor, produz uma vaga de alegria. Racine apresentou muito bem a teoria desse ódio carnal em sua primeira peça, *A Tebaida*[11].

O que Racine exprime de modo imediato, portanto, é a alienação, e não o desejo. Isso fica evidente quando examinamos a sexualidade raciniana, que é mais de situação que de natureza. Em Racine, o próprio sexo está submetido à situação fundamental das figuras trágicas, que mantêm uma relação de força; não há *caracteres* no teatro raciniano (por isso, é absolutamente inútil polemizar sobre a individualidade das personagens, perguntar se Andrômaca é sedutora ou se Bajazet é viril), só há situações, no sentido quase formal do termo: tudo extrai seu ser da posição que ocupa na constelação geral das forças e das fraquezas. A divisão do mundo raciniano em

---

10. De maneira mais geral, a narrativa não é, de modo algum, uma parte morta da tragédia; ao contrário, é sua parte fantasmática, ou seja, em certo sentido a mais profunda.
11. A teoria do ódio físico é apresentada em *A Tebaida*, IV, 1. O feudalismo sublimara o Eros dos adversários ao submeter o corpo-a-corpo a um ritual de cavalaria. Encontra-se um vestígio dessa sublimação em *Alexandre* (conflito entre Alexandre e Poro): Alexandre é cavalheiresco – mas, justamente, está fora da tragédia.

fortes e fracos, tiranos e cativos, é de algum modo extensiva à separação dos sexos; é sua situação na relação de forças que lança alguns na virilidade e outros na feminilidade, sem consideração pelo sexo biológico. Há mulheres virilóides (basta que participem do Poder: Axiana, Agripina, Roxana, Atalia). Há homens feminóides, não por caráter, mas por situação: Taxiles, cuja covardia é frouxidão, abertura perante a força de Alexandre; Bajazet, ao mesmo tempo cativo e cobiçado, fadado, por uma alternativa propriamente raciniana, ao assassinato ou à violação; Hipólito, que está em poder de Fedra, desejado por ela e, ademais, virgem (Racine tentou "desfeminizar" Hipólito tornando-o apaixonado por Arícia, mas sem sucesso, como demonstra o julgamento dos contemporâneos: a situação inicial era forte demais); Britânico, odiado por Nero, não deixa de estar em certa relação erótica com ele, pois basta que o ódio coincida com o Poder para que os sexos se compartilhem: Nero goza com o sofrimento de Britânico como com o sofrimento de uma mulher amada e torturada[12]. Vê-se aqui o surgimento de um primeiro esboço da fatalidade raciniana: uma simples relação, no início puramente circunstancial (cativeiro ou tirania), é convertida em verdadeiro dado biológico; a situação, em sexo; o acaso, em essência.

As constelações mudam pouco na tragédia, e a sexualidade em geral é imóvel. Mas se, extraordinariamente, a relação

---

12. A relação erótica entre Nero e Britânico é explícita em Tácito. Quanto a Hipólito, Racine o fez apaixonado por Arícia, para que o público não o tomasse por um invertido.

de força cede, se a tirania enfraquece, o próprio sexo tende a modificar-se, inverter-se: basta que Atalia, a mais viril das mulheres racinianas, sensível ao "encanto" de Joás, relaxe seu poder, para que sua sexualidade se perturbe: assim que a constelação dá indícios de modificar-se, uma nova divisão afeta o ser, um novo sexo aparece, Atalia *torna-se* mulher[13]. Inversamente, as personagens que, por condição, estão fora de qualquer relação de força (ou seja, fora da tragédia) não têm sexo. Confidentes, criados, conselheiros (Burrhus, por exemplo, desdenhosamente expulso de Eros por Nero[14]) nunca têm acesso à existência sexual. Evidentemente, é nos seres mais manifestamente assexuados, a matrona (Enona) ou o eunuco (Acomato) que se declara o espírito mais contrário à tragédia, o espírito de viabilidade: somente a ausência de sexo pode autorizar a definir a vida, não como uma relação crítica de forças, mas como uma duração, e essa duração, como um valor. O sexo é um privilégio trágico porque é o primeiro atributo do conflito original: não são os sexos que fazem o conflito; é o conflito que define os sexos.

...........................

13. *Ami, depuis deux jours, je ne la connais plus.*
   *Ce n'est plus cette reine éclairée, intrépide,*
   *Élevée au-dessus de son sexe timide...*
   *Elle flotte, elle hésite; en un mot, elle est femme.* (*At.* III, 3.)
   [Amigo, há dois dias, não a reconheço mais. / Já não é aquela rainha esclarecida, intrépida, / Elevada acima de seu sexo tímido... / Ela vacila, hesita; em suma, é mulher.]

14. *Mais, croyez-moi, l'amour est une autre science,*
   *Burrhus; et je ferais quelque difficulté*
   *D'abaisser jusque-là votre sévérité.* (*Brit.* III, 1)
   [Mas, acreditai, o amor é outra ciência, / Burrhus; e eu oporia alguma dificuldade / Em rebaixar até ela a vossa severidade].

## Perturbação

Portanto, é a alienação que constitui o Eros raciniano. Segue-se que o corpo humano não é tratado em termos plásticos, mas em termos mágicos. Como vimos, a idade e a beleza não têm nenhuma espessura: o corpo nunca é dado como objeto apolíneo (o apolinismo, para Racine, é uma espécie de atributo canônico da morte, em que o corpo se torna estátua, ou seja, passado glorificado, *arrumado*). O corpo raciniano é essencialmente comoção, defecção, desordem. As roupas – que, como se sabe, prolongam o corpo de maneira ambígua, ao mesmo tempo para mascará-lo e exibi-lo – têm a incumbência de teatralizar o estado do corpo: pesam quando há culpa; desfazem-se quando há desamparo; o gesto implícito, aqui, é o desnudamento (Fedra, Berenice, Júnia[15]), a demonstração simultânea de culpa e sedução, pois em Racine a desordem carnal é sempre, de certa maneira, chantagem, tentativa de causar pena (às vezes levada ao ponto da provocação sádica[16]). Essa é a fun-

---

15. *Belle, sans ornements, dans le simple appareil*
    *D'une beauté qu'on vient d'arracher au sommeil.* (*Brit.* II, 2.)
    *Laissez-moi relever ces voiles détachés,*
    *Et ces cheveux épars dont vos yeux sont cachés.* (*Ber.* IV, 2.)
    *Que ces vains ornements, que ces voiles me pèsent!* (*Fed.* I, 3.)
    [Bela, sem ornamentos, no simples aparato / De uma beleza que se acaba de roubar ao sono.
    Deixai-me erguer esses véus soltos, / E esses cabelos esparsos que escondem vossos olhos.
    Como estes vãos adornos, como estes véus me pesam!]
16. *Laisse, laisse, Phénice, il verra son ouvrage...* (*Ber.* IV, 2.)
    [Deixa, deixa, Fenícia, ele verá sua obra...]

ção implícita de todas as perturbações físicas, tão abundantemente registradas por Racine: rubor, palidez, sucessão brusca de ambos, suspiros e, finalmente, pranto cujo poder erótico se conhece: sempre se trata de uma realidade ambígua, ao mesmo tempo expressão e ato, refúgio e chantagem: enfim, a desordem raciniana é essencialmente um *signo*, ou seja, um sinal e uma cominação.

A comoção mais espetacular, ou seja, mais condizente com a tragédia é a que atinge o homem raciniano em seu centro vital, em sua linguagem[17]. A interdição da fala, cuja natureza sexual foi sugerida por alguns autores, é muito freqüente no herói raciniano: ela exprime perfeitamente a esterilidade da relação erótica, sua imobilidade: para poder romper com Berenice, Tito se torna afásico, ou seja, num mesmo movimento ele se esquiva e escusa: *eu vos amo demais* e *eu não vos amo o bastante* encontram aí, economicamente, um signo comum. Fugir à fala é fugir à relação de força, é fugir à tragédia: só os heróis extremos podem atingir esse limite (Nero, Tito, Fedra), de onde seu parceiro trágico os tira com a maior rapidez possível, *obrigando-os* de alguma maneira a recuperar uma linguagem (Agripina,

---

17. Em especial:
*J'ai voulu lui parler, et ma voix s'est perdue...* (Brit. II, 2.)
*Et dès le premier mot, ma langue embarrassée*
*Dans ma bouche vingt fois a demeuré glacée.* (Ber. II, 2.)
*Mes yeux ne voyaient plus, je ne pouvais parler.* (Fed. I, 3.)
[Quis falar-lhe, e minha voz sumiu...
E já na primeira palavra, minha língua travada / Na boca vinte vezes ficou gelada.
Meus olhos já não viam, eu não podia falar.]

Berenice, Enona). O mutismo tem um correspondente gestual, que é o desfalecimento, ou pelo menos sua versão nobre, o abatimento. Trata-se sempre de uma espécie de ato bilíngüe: como fuga, a paralisia tende a negar a ordem trágica; como chantagem, ela ainda participa da relação de força. Portanto, toda vez que um herói raciniano recorre à desordem corporal, tem-se o indício de má-fé trágica: o herói *cavila* com a tragédia. Todas essas condutas tendem a uma frustração do real trágico, são deserção (ambígua, aliás, pois desertar da tragédia talvez seja reencontrar o mundo), simulam a morte, são mortes paradoxais, mortes úteis, pois delas se volta. Naturalmente, a perturbação é um privilégio do herói trágico, pois só ele está implicado numa relação de força. Os confidentes podem participar da comoção do amo – na maioria das vezes tentar acalmá-lo; mas nunca dispõem da linguagem ritual da comoção: uma criada não desmaia. Por exemplo: o herói trágico não pode dormir (salvo se for monstro, como Nero, dormirá um sono ruim); Árcade dorme, Agamenon vela, ou melhor – forma nobre do repouso porque atormentada –, sonha.

Em suma, o Eros raciniano só põe os corpos na presença um do outro para desfazê-los. A visão do corpo adverso perturba a linguagem[18] e a transtorna, quer exagerando-a (nos discur-

---

18. Naturalmente, a fascinação pelo corpo adverso também ocorre nas situações de ódio. Vejamos como Nero descreve sua relação com Agripina:

*Eloigné de ses yeux, j'ordonne, je menace...*
*Mais (je t'expose ici mon âme toute nue)*
*Sitôt que mon malheur me ramène à sa vue,*
*Soit que je n'ose encor démentir le pouvoir*
*De ces yeux où j'ai lu si longtemps mon devoir...*

sos excessivamente racionalizados), quer impondo-lhe um interdito. O herói raciniano nunca consegue uma conduta *justa* em face do corpo alheio: a freqüentação real é sempre um fracasso. Não haverá então nenhum momento em que o Eros raciniano seja feliz? Sim, precisamente quando é irreal. O corpo adverso é felicidade apenas quando é imagem; os momentos bem-sucedidos da erótica raciniana são sempre lembranças.

## A "cena" erótica

O Eros raciniano se expressa única e exclusivamente pela narrativa. A imaginação é sempre retrospectiva, e a lembrança sempre tem a acuidade de uma imagem: esse é o protocolo que regra o intercâmbio entre real e irreal. O nascimento do amor é lembrado como uma verdadeira "cena": a lembrança é tão bem organizada que está perfeitamente disponível, pode ser rememorada à vontade, com a maior probabilidade de eficácia. Assim, Nero revê o momento em que se apaixonou por Júnia; Erifila, o momento em que Aquiles a seduziu; Andrômaca, o momento em que Pirro se expôs a seu ódio (pois o ódio segue o mesmo processo do amor); Berenice revê com perturbação

---

*Mais enfin mes efforts ne me servent de rien;*
*Mon génie étonné tremble devant le sien.* (*Brit.* II, 2.)

[Afastado de seus olhos, ordeno, ameaço... / Mas (exponho aqui minha alma toda nua) / Assim que minha desdita me leva a revê-la, / Não ouso novamente desmentir o poder / Daqueles olhos nos quais li tanto tempo meu dever... / Mas no fim meus esforços de nada me valem; / Meu gênio assustado treme diante do seu.]

amorosa a apoteose de Tito; Fedra comove-se ao enxergar em Hipólito a *imagem* de Teseu. Há uma espécie de transe: o passado volta a ser presente, mas sem deixar de ser organizado como uma lembrança: o sujeito vive a cena sem ser submerso nem decepcionado por ela. A retórica clássica possuía uma figura para expressar essa imaginação do passado: era a hipotipose (*Imagina, Pirro, os olhos cintilantes...*); um tratado da época[19] diz que na hipotipose *a imagem ocupa o lugar da coisa:* impossível definir melhor o fantasma. Essas cenas eróticas, de fato, são verdadeiros fantasmas, rememoradas para alimentar o prazer ou o *ressentimento*, estando submetidas a todo um protocolo de repetição. O teatro raciniano, aliás, conhece um estado ainda mais explícito do fantasma erótico, que é o sonho: o sonho de Atalia é, literalmente, uma premonição; miticamente, é uma retrospecção: Atalia apenas revive o Eros que a liga à criança (ou seja, mais uma vez, a cena em que ela a viu pela primeira vez).

Em resumo, na erótica raciniana, o real é incessantemente frustrado, e a imagem, inflada: a lembrança recebe a herança do fato: ela *carrega*[20]. A vantagem dessa frustração é que a imagem erótica pode ser *arrumada*. O que impressiona no fantasma raciniano (e constitui sua grande beleza) é seu aspecto plástico: o rapto de Júnia, o de Erifila, a descida de Fedra ao Labirinto, o triunfo de Tito e o sonho de Atalia são *quadros*, ou seja, organizam-se deliberadamente de acordo com normas da pintura: essas

---

19. Pe. Bernard Lamy, *La Rhétorique ou l'Art de parler* (1675).
20. *Mais, Phénice, où m'emporte un souvenir charmant?* (*Ber.* I, 5.)
   [Mas, Fenícia, para onde me arrasta uma lembrança adorável?]

cenas não só são compostas, suas personagens e objetos têm uma disposição calculada em vista de um sentido global, convidam aquele que vê (e o leitor) a uma participação inteligente, como também – e sobretudo – têm a própria especialidade da pintura: o colorido; nada está mais próximo do fantasma raciniano do que um quadro de Rembrandt, por exemplo: nos dois casos, a matéria é organizada em sua própria imaterialidade; o que se cria é a *superfície*.

Todo fantasma raciniano pressupõe – ou produz – uma combinação de sombra e luz. A origem da sombra é o cativeiro. O tirano vê a prisão como uma sombra onde é possível mergulhar e apaziguar-se. Todas as cativas racinianas (há quase uma por tragédia) são virgens mediadoras e consoladoras; dão ao homem *respiração* (ou pelo menos é isso que ele lhes pede). Alexandre solar ama em Cleófila a prisioneira; Pirro, dotado de fulgor, encontra em Andrômaca a sombra maior, a sombra do túmulo onde os amantes se enterram numa paz compartilhada[21]; para Nero, incendiário, Júnia é ao mesmo tempo sombra e água (o pranto)[22];

...........................

21. O túmulo a três é mesmo um túmulo a quatro na cena eliminada:
    *Pyrrhus de mon Hector semble avoir pris la place.* (*And.* V, 3.)
    [Pirro parece ter tomado o lugar de meu Heitor.]

22. *Fidèle à sa douleur et dans l'ombre enfermée...* (*Brit.* II, 2.)
    *Ces trésors dont le Ciel voulut vous embellir,*
    *Les avez-vous reçus pour les ensevelir?* (II, 3.)
    *Et pouvez-vous, Seigneur, souhaiter qu'une fille*
    *Qui vit presque en naissant éteindre sa famille,*
    *Qui, dans l'obscurité nourrissant sa douleur...* (II, 3.)
    [Fiel à sua dor e na sombra encerrada...
    Esses tesouros com que o Céu quis vos adornar, / Acaso os recebestes para os enterrar?
    E podeis, Senhor, querer que uma moça / Que quase ao nascer viu extinguir-se sua família, / Que na escuridão alimentando sua dor...]

Bajazet é um ser de sombra, confinado no Serralho; Mitrídates compensa toda a amplidão de suas expedições guerreiras apenas com a cativa Mônima (essa troca, nele, é uma contabilidade abertamente declarada); Fedra, filha do Sol, deseja Hipólito, homem da sombra vegetal, das florestas; o imperial Assuero escolhe a tímida Ester, na sombra criada; Atalia comove-se com Eliacin, cativo do Templo. Por toda parte, sempre, reproduz-se a mesma constelação, do sol inquietante e da sombra benéfica.

Talvez essa sombra raciniana seja mais uma substância que uma cor; é sua natureza uniforme e, digamos, *espalhada* que faz da sombra uma felicidade. A sombra é um lençol, de tal modo que, em última análise, é possível conceber uma luz venturosa, desde que ela possua essa mesma homogeneidade de substância: é o *dia* (e não o sol, assassino porque fulgor, acontecimento e não ambiente). A sombra aqui não é um tema saturniano; é um tema de desfecho, efusão, e é exatamente a utopia do herói raciniano, cujo mal é a constrição. Aliás, a sombra está associada a outra substância efusiva, o pranto. O raptor de sombra também é um raptor de lágrimas: para Britânico, cativo, portanto sombroso, as lágrimas de Júnia nada mais são que um testemunho de amor, signo intelectivo; quanto a Nero, solar, essas mesmas lágrimas o nutrem ao modo de um alimento estranho, precioso; não são mais signo, mas imagem, objeto destacado de sua intenção, objeto com que é possível saciar-se, apenas em sua substância, tal como um nutriente fantasmático.

Inversamente, o que se denuncia no Sol é sua descontinuidade. O surgimento diário do astro é um ferimento infligido ao meio natural da Noite[23]; enquanto a sombra pode persistir, ou seja, durar, o Sol tem apenas um desenvolvimento crítico e, ademais, de desdita inexoravelmente repetida (há um acordo de natureza entre a natureza solar do clima trágico e o tempo de vendeta, que é pura repetição). Nascido na maioria das vezes com a própria tragédia (que dura um dia), o Sol se torna assassino juntamente com ela: incêndio, ofuscamento, ferimento ocular, é o fulgor (dos Reis, dos Imperadores). Sem dúvida, se conseguir tornar-se homogêneo, temperar-se, *conter-se*, de algum modo, o sol poderá encontrar uma *roupagem* paradoxal, o esplendor. Mas o esplendor não é uma qualidade própria da luz, é um estado da matéria: há um esplendor da noite.

## O *tenebroso* raciniano

Chegamos ao cerne do fantasma raciniano: a imagem transpõe para a disposição de suas substâncias o próprio antagonismo, ou melhor, a dialética do carrasco e da vítima; a imagem

---

**23.** *O toi, Soleil, ô toi qui rends le jour au monde,*
*Que ne l'as-tu laissé dans une nuit profonde!* (*Teb.* I, 1.)
[Ó tu, Sol, que devolves o dia ao mundo, / Por que não o deixaste em uma noite profunda!]

Não por acaso Racine escrevia sobre Uzès (em 1662):
*Et nous avons des nuits plus belles que vos jours.*
[E temos noites mais belas que vossos dias.]

é um conflito *pintado*, teatralizado; encena o real, na forma de substâncias antinômicas; a cena erótica é teatro no teatro, procura *traduzir* o momento mais vivo, porém também mais frágil da luta: o momento em que a sombra vai ser penetrada pelo fulgor. Pois o que se tem aqui é uma verdadeira inversão da metáfora corrente: no fantasma raciniano, não é a luz que é inundada pela sombra; a sombra não invade. É o contrário: a sombra se transpassa de luz, a sombra se corrompe, resiste e se entrega. É esse puro suspense, é o átomo frágil de duração em que o sol *deixa ver* a noite sem ainda a destruir que constitui aquilo que se poderia chamar de *tenebroso* raciniano. O claro-escuro é a matéria seletiva do deciframento[24], e esse é exatamente o *tenebroso* raciniano: ao mesmo tempo quadro e teatro, quadro vivo, digamos, ou seja, movimento imóvel, oferecido a uma leitura infinitamente repetida. Os grandes quadros racinianos[25] sempre apresentam esse grande combate mítico (e teatral) entre a sombra e a luz[26]: de um lado, noite, sombras, cinzas, lágrimas, sono, silêncio, suavidade tímida, presença contínua; do outro, todos os objetos da estridência: armas, águias, feixes, tochas, estandartes, gritos, vestimentas fulgurantes, linho, púrpura, ouro,

---

**24.** Roland Kuhn, *Phénoménologie du masque d travers le test de Rorschach*, Desclée de Brouwer.
**25.** Os grandes quadros racinianos são:
        Rapto de Júnia. (*Brit.* II, 2.)
        Triunfo de Tito. (*Ber.* I, 5.)
        Pirro criminoso. (*Andr.* I, 5.)
        Rapto de Erifila. (*If.* II, 1.)
        Sonho de Atalia. (*At.* II, 5.)
**26.** Esse combate mítico é esboçado sob outra forma nas *marinhas* racinianas, incêndios de navios no mar.

aço, fogueira, chamas, sangue. Entre essas duas classes de substâncias, uma troca sempre ameaçadora, mas nunca realizada, que Racine expressa com uma palavra própria, o verbo *realçar*[27], que designa o ato constitutivo (e tão saboroso) do *tenebroso*.

Entende-se por que há em Racine aquilo que se poderia chamar de fetichismo dos olhos[28]. Os olhos são, por natureza, luz oferecida à sombra: empanados pela prisão, embaçados pelas lágrimas. O estado perfeito do *tenebroso* raciniano são olhos cheios de lágrimas e erguidos para o céu[29]. Esse é um gesto que foi freqüentemente tratado pelos pintores, como símbolo da inocência martirizada. Em Racine, sem dúvida há isso, mas esse gesto resume principalmente um sentido pessoal da substância: não só a luz se purifica com água, perde o fulgor, se espalha, torna-se uma camada feliz, como também o próprio movimento ascensional talvez indique mais lembrança do que sublimação, lembrança da terra, da escuridão da qual aqueles olhos partiram: é um movimento aqui captado em sua própria persistência, de tal modo que representa simultaneamente, num paradoxo precioso, os dois termos do conflito – e do prazer.

Percebe-se por que a imagem assim constituída tem um poder traumatizante: exterior ao herói na qualidade de lem-

---

27. ... *Relevaient de ses yeux les timides douceurs* (*Brit.* II, 2.)
    [... Realçavam de seus olhos a tímida suavidade.]
28. Problema abordado por G. May (*D'Ovide à Racine*) e J. Pommier (*Aspects de Racine*).
29. *Triste, levant au ciel ses yeux mouillés de larmes...* (*Brit.* II, 2.)
    *De mes larmes au Ciel j'offrais le sacrifice.* (*Est.* I, 1.)
    [Triste, erguendo ao céu os olhos cheios de lágrimas...
    De minhas lágrimas oferecia ao Céu o sacrifício.]

brança, ela lhe representa o conflito no qual ele está implicado como objeto. O *tenebroso* raciniano constitui uma verdadeira *fotogenia*, não só porque nele o objeto é purificado de seus elementos inertes e tudo nele brilha ou se apaga, ou seja, significa, mas também porque, apresentado como quadro, ele desdobra o ator-tirano (ou ator-vítima), faz dele um espectador, permite-lhe recomeçar infindavelmente diante de si mesmo o ato sádico (ou masoquista). É esse desdobramento que constitui toda a erótica raciniana; Nero, cujo Eros é puramente imaginário[30], organiza incessantemente entre ele e Júnia uma cena idêntica, na qual é ao mesmo tempo ator e espectador, cena que ele regra até em suas *falhas* sutilíssimas, extraindo prazer de uma *demora* em pedir perdão pelas lágrimas provocadas (a realidade nunca poderia garantir um tempo tão bem ajustado) e dispondo, por meio da lembrança, de um objeto ao mesmo tempo submisso e inflexível[31]. Essa preciosa imaginação, que possibilita a Nero conduzir à vontade o ritmo do amor, é empregada por Erifila para livrar a figura do herói amado de seus elementos eroticamente inúteis; de Aquiles, ela só lembra (incessantemente) aquele braço ensangüentado que a possuiu, braço cuja natureza fálica, suponho, é bastante evidente[32]. Assim, o quadro racinia-

..........................
**30.** *Je me fais de sa peine une image charmante.* (*Brit.* II, 8.)
 [De sua dor tenho uma imagem encantadora.]
**31.** *J'aimais jusqu'à ses pleurs que je faisais couler.*
 *Quelquefois, mais trop tard, je lui demandais grâce.* (*Brit.* II, 2.)
 [Eu amava até seu pranto, que eu provocava. / Às vezes, porém tarde demais, pedia-lhe perdão.]
**32.** *Cet Achille, l'auteur de tes maux et des miens,*
 *Dont la sanglante main m'enleva prisonnière...*

no é sempre uma verdadeira anamnese: o herói tenta o tempo todo remontar à fonte de seu fracasso; mas como essa fonte é seu próprio prazer, ele se imobiliza no passado: nele Eros é uma força retrospectiva: a imagem é repetida, nunca superada.

### Relação fundamental

Desse modo somos remetidos a uma relação humana em que a erótica não passa de intermediador. O conflito é fundamental em Racine, presente em todas as suas tragédias. Não se trata em absoluto de um conflito de amor, que possa opor dois

...........................
*Dans les cruelles mains par qui je fus ravie*
*Je demeurai longtemps sans lumière et sans vie.*
*Enfin mes tristes yeux cherchèrent la clarté;*
*Et me voyant presser d'un bras ensanglanté*
*Je frémissais, Doris, et d'un vainqueur sauvage*
*Craignais de rencontrer l'effroyable visage.* (*If.* II, 1.)

[Esse Aquiles, autor de teus males e dos meus, / Cuja mão sangrenta me fez prisioneira... / Nas mãos cruéis pelas quais fui arrebatada / Fiquei muito tempo sem luz e sem vida. / Por fim meus tristes olhos buscaram a claridade; / E, vendo-me premida por um braço ensangüentado / Fremia, Dóris, e de um vencedor selvagem / Temia encontrar o pavoroso rosto.]

Ifigênia adivinha muito bem – o que é notável para uma moça tão virtuosa – a natureza exata do trauma amoroso em Erifila. É verdade que o ciúme lhe dá intuição:

*Oui, vous l'aimez, perfide.*
*Et ces mêmes fureurs que vous me dépeignez,*
*Ces bras que dans le sang vous avez vus baignés,*
*Ces morts, cette Lesbos, ces cendres, cette flamme,*
*Sont les traits dont l'amour l'a gravé dans votre âme.* (*If.* II, 5.)

[Sim, pérfida, o amais. / E esses mesmos furores que me pintais, / Esses braços que de sangue vistes banhados, / Essas mortes, Lesbos, cinzas, chamas, / São os traços com que o amor o gravou em vossa alma.

seres dos quais um ama, e o outro, não. A relação essencial é de autoridade, e o amor só serve para *revelá-la*. Essa relação é tão geral, tão formal, poderíamos dizer, que eu não hesitarei em representá-la na forma de uma equação dupla:

> A tem todo o poder sobre B.
> A ama B, que não ama A.

Mas o que se deve marcar é que a relação de autoridade é extensiva à relação amorosa. A relação de amor é muito mais fluida: pode ser mascarada (Atalia e Joás), problemática (não é certeza que Tito ame Berenice), apaziguada (Ifigênia ama o pai) ou invertida (Erifila ama seu carcereiro). A relação de autoridade, ao contrário, é constante e explícita; não afeta apenas um mesmo par ao longo de uma tragédia[33]; pode revelar-se fragmentariamente aqui e ali; é encontrada em formas variadas, ampliadas, às vezes quebradas, mas sempre reconhecíveis: por exemplo, em *Bajazet*, a relação de autoridade se desdobra: Amurat tem todo o poder sobre Roxana, que tem todo o poder sobre Bajazet; em *Berenice*, ao contrário, a equação dupla se desarticula: Tito tem todo o poder sobre Berenice (mas não a ama);

---

**33.** Estes são os pares fundamentais da relação de força (pode haver outros, episódicos): Creonte e Antígona. – Taxiles e Axiana. – Pirro e Andrômaca. – Nero e Júnia. – Tito e Berenice (relação problemática, ou disjunta). – Roxana e Bajazet. – Mitrídates e Mônima. – Agamenon e Ifigênia (relação apaziguada). – Fedra e Hipólito. – Mardoqueu e Ester (relação apaziguada). – Atalia e Joás. Esses pares são *completos*, individualizados na medida em que a figura o permite. Mesmo quando é mais difusa, a relação não deixa de ser capital (gregos – Pirro, Agripina – Nero, Mitrídates e seus filhos, os deuses e Erifila, Mardoqueu e Amã, Deus e Atalia).

| *Sobre Racine* |

Berenice ama Tito (mas não tem nenhum poder sobre ele): aliás, a desarticulação dos papéis em duas pessoas diferentes aborta a tragédia. O segundo membro da equação, portanto, é funcional em relação ao primeiro: o teatro de Racine não é um teatro de amor: seu assunto é o uso de uma força no âmago de uma situação geralmente amorosa (mas não necessariamente: pensemos em Aman e Mardoqueu): é o conjunto dessa situação que Racine chama de *violência*[34]; seu teatro é um teatro da violência.

Os sentimentos recíprocos de A e B não têm outro fundamento além da situação original na qual eles são colocados por uma espécie de petição de princípio, que é realmente o ato criador do poeta: um é poderoso, o outro é súdito; um é tirano, o outro é cativo; mas essa relação nada seria se não fosse acompanhada por uma verdadeira contigüidade: A e B estão encerrados no mesmo lugar: afinal, é o espaço trágico que funda a tragédia. À parte essa *disposição*, o conflito é sempre imotivado; já em *A Tebaida*, Racine deixou claro que os motivos aparentes de um conflito (no caso, a sede comum de reinar) são ilusórios: são "racionalizações" posteriores. O sentimento vai buscar no outro a sua essência, não os seus atributos: é à força de odiar-se que os parceiros racinianos vêm a ser: Eteocles odeia Polinice, não seu orgulho. A posição (contigüidade ou hierarquia) é imediatamente convertida em essência: é por *estar lá* que o outro aliena: Amã sofre o martírio de ver Mardoqueu imóvel à porta do Palácio; Nero não pode suportar

---

**34.** Violência: "coerção exercida sobre alguém para obrigá-lo a fazer o que não quer".

que sua mãe esteja *fisicamente* no mesmo trono que ele. Aliás, é aquele *estar ali* do parceiro que contém em germe o assassinato: reduzida obstinadamente a uma horrível injunção espacial, a relação humana só pode aclarar-se limpando-se: é preciso que aquilo que ocupa um lugar desapareça; que a visão seja desembaraçada: o outro é um corpo teimoso que se deve possuir ou destruir. O radicalismo da solução trágica decorre da simplicidade do problema inicial: toda a tragédia parece decorrer de um vulgar *não há lugar para dois*. O conflito trágico é uma crise espacial.

Como o espaço é fechado, a relação é imóvel. De início, tudo favorece A, pois este tem B à sua mercê e é precisamente B que ele quer. Em certo sentido, a maioria das tragédias de Racine consiste em violações virtuais: B só escapa a A por meio da morte, do crime, do acidente ou do exílio; quando a tragédia é oblativa (*Mitrídates*) ou reconciliada (*Ester*), é por meio da morte do tirano (Mitrídates) ou de uma vítima expiatória (Aman). O que suspende o assassinato, o que o imobiliza é uma alternativa: A está, por assim dizer, paralisado entre o assassinato bruto e a generosidade impossível; segundo o esquema sartriano clássico, o que A quer possuir pela força é a liberdade de B; em outras palavras, ele está envolvido num paradoxo insolúvel: se possui, destrói; se reconhece, frustra-se; não pode escolher entre um poder absoluto e um amor absoluto, entre a violação e a oblação. A tragédia é precisamente a representação dessa imobilidade.

Um bom exemplo dessa dialética impotente é a relação de obrigação que une a maioria dos pares racinianos. Situado inicialmente no céu da mais sublime moral (*Eu vos devo tudo,* diz o súdito raciniano a seu tirano), o reconhecimento logo se revela uma espécie de veneno. Sabe-se da importância da ingratidão na vida de Racine (Molière, Port-Royal). O mundo raciniano é fortemente contabilizado: o tempo todo calculam-se benefícios e obrigações: por exemplo, Nero, Tito e Bajazet *se* devem a Agripina, Berenice e Roxana: a vida de B é propriedade de A de fato e de direito. Mas é *precisamente* por ser obrigatória que a relação é bloqueada: é *por* dever o trono a Agripina que Nero a matará. A necessidade de certo modo matemática de ser grato designa o lugar e o momento da rebelião: a ingratidão é a forma obrigada da liberdade. Sem dúvida, em Racine, essa ingratidão nem sempre é assumida: Tito reveste de bons modos sua ingratidão; se é difícil, é por ser vital, por dizer respeito à própria vida do herói; o modelo da ingratidão raciniana é, de fato, parental: o herói deve ser reconhecido ao seu tirano, exatamente como o filho o é aos pais que lhe deram a vida. Mas, por isso mesmo, ser ingrato é nascer de novo. A ingratidão é aqui um verdadeiro parto (aliás, malogrado). Formalmente, a obrigação (seu nome é bastante eloqüente) é um vínculo, ou seja, em termos racinianos, o próprio sinal do intolerável: só pode ser rompida por um verdadeiro sismo, por uma detonação catastrófica.

## Técnicas de agressão

Tal é a relação de autoridade: uma verdadeira função: o tirano e o súdito estão ligados um ao outro, vivem um pelo outro, seu ser decorre de sua situação com relação ao outro. Portanto, não se trata absolutamente de uma relação de inimizade. Em Racine, nunca há adversário, no sentido ritual que essa palavra podia ter no feudalismo ou mesmo em Corneille; o único herói cavalheiresco do teatro raciniano é Alexandre (ele mesmo explica com que avidez procura o "bom inimigo"[35]), e Alexandre não é um herói trágico. Há inimigos que entram em acordo para ser inimigos, ou seja, são ao mesmo tempo cúmplices. A forma do combate, portanto, não é o enfrentamento, mas o acerto de contas: trata-se de encenar a quitação.

Todas as ofensivas de A têm em vista dar a B o próprio ser do nada: trata-se, em suma, de fazer o outro viver como uma nulidade, de fazer sua negação *existir*, ou seja, durar; trata-se de roubar-lhe continuamente o seu ser e de fazer desse estado espoliado o novo ser de B. Por exemplo, A cria inteiramente B, tira-o do nada e volta a mergulhá-lo no nada à vontade (é o que faz Roxana com Bajazet[36]); ou então provoca nele uma crise

...........................

35. *Oui, j'ai cherché Porus; mais quoi qu'on puisse dire,*
*Je ne le cherchais pas afin de le détruire.*
*J'avouerai que brûlant de signaler mon bras,*
*Je me laissai conduire au bruit de ses combats,*
*Et qu'au seul nom d'un roi jusqu'alors invincible,*
*A de nouveaux exploits mon coeur devint sensible.* (*Alex.* IV, 2.)
[Sim, procurei Poro; mas digam o que disserem, / Não o procurava para destruí-lo. / Confesso que, sequioso de demonstrar minha força, / Deixei-me conduzir ao fragor de seus combates, / E que, ouvindo o nome de um rei até então invencível, / A novos feitos meu coração se fez sensível.]

36. *Songez-vous que je tiens les portes du palais,*
*Que je puis vous l'ouvrir ou fermer pour jamais,*
*Que j'ai sur votre vie un empire suprême,*
*Que vous ne respirez qu'autant que je vous aime?...*
*Rentre dans le néant dont je t'ai fait sortir.* (*Baj.* II, 1.)

de identidade: a pressão trágica por excelência consiste em forçar o outro a perguntar-se: *quem sou eu?* (Erifila, Joás). Ou então, A dá a B a vida de um puro reflexo; sabe-se que o tema do espelho ou do duplo sempre é um tema de frustração: ele é abundante em Racine: Nero é o reflexo de Agripina[37]; Antíoco, o de Tito; Atalida, o de Roxana; aliás, há um objeto raciniano que expressa essa sujeição especular, é o *véu*: A se esconde por trás de um véu, assim como a fonte de uma imagem parece esconder-se por trás de um espelho. Ou então, A rompe o envoltório de B com uma espécie de agressão policial: Agripina quer possuir os segredos do filho, Nero transpassa Britânico, faz dele pura transparência; nem mesmo Arícia escapa de querer expor em Hipólito o segredo de sua virgindade, tal como quem rebenta uma carapaça[38].

...........................

[Já pensou que controlo as portas do palácio, / Que posso abri-las ou fechá-las para sempre, / Que tenho sobre vossa vida um império supremo, / Que só respirais porque vos amo? [...] / Volta para o nada de onde te tirei.]

37. *Non, non, le temps n'est plus que Néron, jeune encore,*
*Me renvoyait les voeux d'une cour qui l'adore,*
*Lorsqu'il se reposait sur moi de tout l'État,*
*Que mon ordre au palais assemblait le sénat,*
*Et que derrière un voile, invisible et présente...* (*Brit.* I, 1.)

[Não, não, já se foi o tempo em que Nero, jovem ainda, / Remetia-me os votos de uma corte que o adora, / Quando sobre mim transferia todo o Estado, / Quando minhas ordens no palácio reunia o senado, / E por trás de um véu, invisível e presente...]

38. *Mais de faire fléchir un courage inflexible,*
*De porter la douleur dans une âme sensible,*
*D'enchaîner un captif de ses fers étonné*
*Contre un joug qui lui plaît vainement mutiné:*
*C'est là ce que je veux, c'est là ce qui m'irrite.* (*Fed.* II, 1.)

[Mas dobrar uma coragem inflexível, / Instalar a dor numa alma sensível, / Acorrentar um cativo que os ferros assombram / Contra um jugo que lhe agrada inutilmente rebelado: / É isso que eu quero, é isso que me exalta.]

| *O Homem raciniano* |

Como se vê, sempre se trata muito mais de frustrações do que de roubos (e é aí que se poderia falar de sadismo raciniano): A dá para tomar de volta, essa é a sua técnica essencial de agressão; procura infligir a B o suplício de um gozo (ou de uma esperança) interrompido. Agripina oculta de Cláudio, na hora da morte, o pranto de seu filho; Júnia escapa de Nero no exato momento em que ele acredita possuí-la; Hermione rejubila-se por ocultar Andrômaca de Pirro; Nero impõe a Júnia tratar Britânico com frieza etc. O próprio sofrimento pode ser frustrado, e essa talvez seja a principal queixa do herói raciniano contra a divindade: esta não garante nem mesmo a desdita: é isso que Jocasta censura com amargor aos deuses[39]. A imagem mais completa dessa frustração fundamental é dada no sonho de Atalia: Atalia estende as mãos para a mãe a fim de abraçá-la, mas só toca um nada horrível[40]. A frustração pode ser até uma espécie de desvio, de roubo ou de atribuição indevida: Antíoco e Roxana recebem as marcas de um amor que não é para eles.

...........................

Para Fedra, que ama Hipólito de maneira bem diferente, esse movimento torna-se positivo, materno: ela quer acompanhar Hipólito ao Labirinto, fazer-se com ele (e não contra ele) parteira do segredo.

**39.** (*Le Ciel.*)
*Ainsi, toujours cruel, et toujours en colère,*
*Il feint de s'apaiser, et devient plus sévère;*
*Il n'interrompt ses coups que pour les redoubler,*
*Et retire son bras pour me mieux accabler.* (*Teb.* III, 3.)
[(O Céu.)
Assim, sempre cruel e sempre colérico, / Finge aplacar-se e torna-se mais severo: / Interrompe seus golpes só para redobrá-los, / E retira o braço para melhor me esmagar.]

**40.** *Et moi, je lui tendais les mains pour l'embrasser.*
*Mais je n'ai plus trouvé qu'un horrible mélange...* (*At.* II, 5.)
[E eu estendia-lhe as mãos para abraçá-la. / Mas só encontrei uma horrível mistura...]

| *Sobre Racine* |

A arma comum de todas essas anulações é o Olhar: olhar o outro é desorganizá-lo e depois fixá-lo em sua desordem, ou seja, mantê-lo no próprio ser de sua nulidade. O único e exclusivo meio de réplica de B é a fala, que aí é realmente a arma do fraco. É *falando* sua desdita que o súdito tenta atingir o tirano. A primeira agressão de B é o lamento: no qual ele submerge o amo; é um lamento contra a injustiça, e não contra a desdita; o lamento raciniano é sempre vaidoso e reivindicativo, baseado numa boa consciência; alguém lamenta-se para reclamar, mas reclama sem revolta; toma implicitamente o Céu como testemunha, ou seja, faz do tirano um objeto sob o olhar de Deus. O lamento de Andrômaca é o modelo de todos os lamentos racinianos, semeados de censuras indiretas e mascarando a agressão sob a deploração.

A segunda arma do súdito é a ameaça de morte. É um paradoxo precioso que a tragédia seja uma ordem profunda do fracasso e que, no entanto, aquilo que poderia ser considerado como o fracasso supremo, a morte, nela nunca seja séria. A morte é um substantivo, parte de uma gramática, termo de uma contestação. Com muita freqüência, a morte não passa de um modo de indicar o estado absoluto de um sentimento, uma espécie de superlativo destinado a significar um cúmulo, um verbo de fanfarronada. A leviandade com que o pessoal trágico maneja a idéia da morte (anuncia-a com muito mais freqüência do que a consuma) demonstra uma humanidade ainda pueril, em que o homem não está plenamente realizado: diante de toda essa retórica fúnebre, cabe colocar as palavras de Kierkegaard: *quanto mais alto pomos o homem, mais terrível é a morte*. A morte trágica não é terrível; na maioria das vezes é uma categoria gramatical vazia. Aliás, opõe-se ao *morrer*: só há uma morte-duração em Racine: a de Fedra. Todas as outras mortes na verdade são chantagens, peças de uma agressão.

Existe, primeiramente, a morte buscada, espécie de imolação pudica, cuja responsabilidade deixa-se ao acaso, ao perigo, à divindade, conjugando na maioria das vezes os benefícios do heroísmo guerreiro e do suicídio adiado: Antíoco e Orestes procuraram a morte durante anos, nas batalhas, nos mares; Atalida ameaça Bajazet de deixar-se matar por Roxana; Xifares quer se expor prontamente, já que Mônima lhe é recusada etc. Uma variedade mais discreta dessa morte buscada é o fim misterioso que ameaça coroar um sofrimento intolerável com uma espécie de patologia pouco científica: é uma morte intermediária entre a doença e o suicídio[41]. De fato, a tragédia distingue a morte-ruptura da morte real: o herói quer morrer para romper uma situação, e é essa vontade que ele já chama de morte. Por isso, a tragédia se torna uma ordem estranha na qual a morte se flexiona no plural[42].

Mas a morte trágica mais freqüente, porque a mais agressiva, evidentemente é o suicídio. O suicídio é uma ameaça direta

---

**41.** *Je n'examine point si j'y pourrai survivre.* (*Ber.* II, 2.)
   [Não examino a possibilidade de sobreviver a isto.]
**42.** *Me feront-ils souffrir tant de cruels trépas,*
   *Sans jamais au tombeau précipiter mes pas?* (*Teb.* III, 2.)
   [Farão eles que eu sofra tantas mortes cruéis, / Sem nunca no túmulo precipitar meus passos?]

dirigida contra o opressor, é representação viva de sua responsabilidade, é chantagem ou punição[43]. Sua teoria é apresentada de modo franco (e ainda um tanto ingênuo) por Creonte (em *A Tebaida*): como prova de força, o suicídio é proveitosamente prolongado pelo inferno, pois o inferno possibilita colher os frutos do suicídio, continuar fazendo sofrer, perseguindo uma amante etc.[44]; o inferno possibilita fazer o *valor* sobreviver à pessoa. Esse é um grande objetivo trágico: por isso, mesmo quando há morte real, essa morte nunca é imediata: o herói sempre tem tempo de *falar* sua morte; ao contrário do herói kierkegaardiano, o herói clássico nunca desaparece sem uma *última réplica* (inversamente, a morte real, aquela que ocorre atrás do teatro, só precisa de um tempo incrivelmente curto). A natureza agressiva do suicídio aparece plenamente no sucedâneo que Júnia lhe dá: ao se tornar vestal, Júnia morre para Nero, mas apenas para Nero: ela consuma uma morte perfeitamente seletiva, que só visa e frustra o tirano. E, finalmente, a única morte real da tragédia é a morte mandada, é o assassinato. Quando Hermione decreta

...........................

43. O suicídio tem um equivalente retórico, a epítrope, figura pela qual se provoca ironicamente um inimigo para que ele faça o mal.

44. ...*Ma présence aux enfers vous fût-elle odieuse,*
*Dût après le trépas vivre votre courroux,*
*Inhumaine, je vais y descendre après vous.*
*Vous y verrez toujours l'objet de votre haine;*
*Et toujours mes soupirs vous rediront ma peine*
*Ou pour vous adoucir ou pour vous tourmenter,*
*Et vous ne pourrez plus mourir pour m'éviter.* (*Teb.* última cena.)

[...Por mais que minha presença no inferno vos seja odiosa, / Que depois da morte continue viva a vossa cólera, / Desumana, ali descerei atrás de vós. / Vereis para sempre o objeto de vosso ódio; / E sempre meus suspiros vos falarão de minhas penas / Para vos abrandar ou vos atormentar, / E já não podereis morrer para me evitar.]

a morte de Pirro, Nero a de Britânico, Amurat (ou Roxana) a de Bajazet, Teseu a de Hipólito, a morte deixa de ser abstrata: então já não são palavras que a anunciam, cantam ou exorcizam: são objetos, reais, sinistros, que rondam a tragédia desde o começo: veneno de Nero, cordão do negro Orcan, diadema régio de Mônima, carro de Hipólito: a morte trágica sempre diz respeito ao outro: seu movimento constitutivo é ser *ministrada*.

A essas armas essenciais (frustração, chantagem) soma-se toda uma *arte* da agressão verbal, compartilhada pela vítima e por seu carrasco. O *ferimento* raciniano, evidentemente, só é possível porque a tragédia implica a confiança extrema na linguagem; nela a palavra detém um poder objetivo, segundo um estatuto bem conhecido nas chamadas sociedades primitivas: ela é chicotada. Temos aí dois movimentos aparentemente inversos, mas que provocam o ferimento: ou a palavra desvenda uma situação intolerável, ou seja, magicamente a faz existir – é o que ocorre com numerosas falas em que o confidente, com palavras *inocentes*, indica o mal íntimo[45] –, ou então o discurso é mal-intencionado, sua intenção é diretamente maligna: essa espécie de distância calma entre a polidez da palavra e a von-

---

**45.** Por exemplo: Doris diz a Erifila, sobre sua rival:
*L'aimable Iphigénie*
*D'une amitié sincère avec vous est unie.* (*If.* II, 1.)
[A adorável Ifigênia / Está unida a vós por amizade sincera.]
ou ainda, diante da frieza de Agamenon:
*N'osez-vous sans rougir être père un moment?* (II, 2.)
[Não ousais sem rubor ser pai um momento?]
Evidentemente, é em *Fedra* que o nome (Hipólito) é onipotente em sua própria substância. (I, 3.)

tade de ferir define toda a crueldade raciniana, que é a frieza do carrasco[46]. O mecanismo de todos esses ataques, evidentemente, é a humilhação: sempre se trata de introduzir a desordem no outro, de *desfazê-lo* e, por conseguinte, restaurar a imobilidade da relação de força, restabelecer a maior distância possível entre o poder do tirano e a sujeição da vítima. O sinal dessa imobilidade restabelecida é o *triunfo*; esta palavra não está tão distante de seu sentido antigo: a recompensa do vencedor é *contemplar* seu parceiro desfeito, reduzido ao estado de objeto, de coisa exposta diante dos olhos, pois, em termos racinianos, os olhos são os órgãos mais possessivos que existem[47].

## A gente

O que constitui a singularidade da relação de autoridade – e talvez tenha autorizado o desenvolvimento mítico de uma

---

46. Por exemplo, Clitemnestra diz a Erifila, desconfiando que ela seduziu Aquiles:

    *Je ne vous presse point, Madame, de nous suivre;*
    *En de plus chères mains ma retraite vous livre.* (*If.* II, 4.)

    [Senhora, não vos insto a seguir-nos; / E minha saída vos entrega a mãos mais caras.]

47. *Vous veniez de mon front observer la pâleur,*
    *Pour aller dans ses bras rire de ma douleur.* (*Andr.* IV, 5.)

    *Quel surcroît de vengeance et de douceur nouvelle*
    *De le montrer bientôt pâle et mort devant elle,*
    *De voir sur cet objet ses regards arrêtés*
    *Me payer les plaisirs que je leur ai prêtés?* (*Baj.* IV, 5.)

    *Je veux voir son désordre, et jouir de sa honte.* (*Baj.* IV, 6.)

    [Vindes observar a palidez de minha fronte, / Para irdes em seus braços rir de minha dor.]
    Que vingança extrema e prazer novo / Mostrá-lo logo pálido e morto diante dela, / Ver nesse objeto seu olhar fixado / Pagar-me os prazeres que lhes emprestei?
    Quero ver sua confusão e gozar de sua vergonha.]

"psicologia" raciniana – é o fato de essa relação ocorrer não só fora de qualquer sociedade, mas também fora de qualquer socialidade. O par raciniano (constituído pelo carrasco e pela vítima) luta num universo desolado, despovoado. É provavelmente essa abstração que legitimou a lenda de um teatro da pura paixão; Napoleão não gostava de Racine porque via nele apenas um insípido escritor de amor. Para medir a solidão do par raciniano, basta pensar em Corneille (retomando um paralelo inesgotável); em Corneille, o mundo (no sentido de uma realidade mais ampla e difusa que a sociedade), o mundo circunda o par de maneira viva: ele é obstáculo ou recompensa, enfim é valor. Em Racine, a relação não tem eco, estabelece-se no artifício da pura independência: é *surda*; cada um só é tocado pelo outro – ou seja, por si mesmo. A cegueira do herói raciniano em relação aos outros é quase maníaca: tudo, no mundo, parece vir procurá-lo pessoalmente, tudo se deforma para ser apenas um alimento narcísico: Fedra acha que Hipólito está apaixonado pelo mundo inteiro, *exceto* por ela; Aman vê todos os homens curvados em torno de si, *exceto* Mardoqueu; Orestes acha que Pirro vai se casar com Hermione expressamente para privá-lo dela; Agripina está convicta de que Nero pune *precisamente* aqueles que ela apóia; Erifila acredita que os deuses favorecem Ifigênia unicamente para atormentá-la.

Portanto, em relação ao herói, o mundo é uma massa mais ou menos indiferenciada: gregos, romanos, janízaros, ancestrais, Roma, o Estado, o povo, a posteridade, essas coletividades não têm nenhuma realidade política, são objetos que só servem para intimidar ou justificar, episodicamente e de acordo com as necessidades da causa; ou, mais exatamente: justificam que se ceda a uma intimidação. O mundo raciniano tem função de julgamento: ele *observa* o herói e ameaça o tempo todo censurá-lo, de tal modo que esse herói vive o pânico do *o-que-dirão-os-outros*. Quase todos sucumbem: Tito, Agamenon, Nero; só Pirro, o mais emancipado dos heróis racinianos, resiste. O mundo, para eles, é terror, não-valor eleito, é uma condenação difusa que os cerca e frustra, é um fantasma moral e o medo que lhes inspira não exclui o fato de utilizá-lo (é o que faz Tito para dispensar Berenice), e, aliás, é essa duplicidade que constitui o essencial da má-fé raciniana[48]. Em suma, para o herói raciniano, o mundo é uma opinião pública, ao mesmo tempo terror e álibi[49].

Por isso, o anonimato do mundo, sua indistinção e sua realidade cuidadosamente seletiva (ele é apenas uma *voz*) encontram sua melhor expressão em todas as formas gramaticais indefinidas, pronomes alternadamente disponíveis e ameaçadores (*"on"**,

...........................

**48.** O próprio Racine parece ter vivenciado o mundo (exceto em seus últimos anos) como opinião: ele só se fez sob o olhar dos Grandes e, explicitamente, só escreveu para obter esse olhar.

**49.** Em Corneille, o mundo – tão presente, valor tão alto – nunca é uma opinião pública. Basta comparar o tom do Tito corneliano ao tom do Tito raciniano:

*Ma gloire la plus haute est celle d'être à vous...*
*Et soit de Rome esclave et maître qui voudra!* (*Tito e Berenice*, III, 5.)

[Minha glória suprema é pertencer-vos... / E de Roma seja escravo e senhor quem quiser!]

\* Esse pronome neutro é intraduzível em português. Em termos de uso, pode-se considerar que há alguma equivalência entre ela e o *se* apassivador ou indeterminante, pode ser representada por "a gente". (N. da T.)

*eles, cada um)* que lembram o tempo todo, com nuances infinitas, que o herói raciniano está sozinho num mundo hostil que lhe parece indiferente nomear: o *on* envolve, sufoca sem nunca se declarar, é o signo gramatical de uma agressividade que o herói não pode ou não quer localizar. Além disso, é por meio do *on* que muitas vezes o herói acusa seu parceiro, conferindo à censura a caução e a segurança do anonimato. A conjugação raciniana comporta inflexões notáveis: o *eu* só existe numa forma inflada que beira a explosão, a divisão (no monólogo, por exemplo); o *tu* é a pessoa da agressão sofrida e devolvida (*Pérfido!*); o *ele*, a pessoa da decepção, momento em que se pode falar do ser amado como de um objeto falsamente distante, antes de voltar-se contra ele (*o ingrato*); o *vós* é a pessoa do decoro, da confissão e do ataque mascarado (*Senhora*); o *on* ou o *eles* designam, como vimos, uma agressão difusa[50]. Há uma pessoa que falta na conjugação raciniana: é o *nós*: o mundo raciniano é dividido de maneira inexpiável: o pronome da mediação lhe é desconhecido.

---

**50.** Na súplica de Andrômaca a Hermione (III, 4), vemos em poucos versos o funcionamento de todo um jogo sutil de pronomes:
*Où fuyez-vous, Madame?* [Para onde estais fugindo, Senhora?]: cerimônia e mordacidade.
*La veuve d'Hector.* [A viúva de Heitor]: Andrômaca se objetiva para satisfazer Hermione.
*Un coeur qui se rend*: [Um coração que se rende]: ela faz de Pirro um objeto neutro, distante, separado dela.
*Notre amour*: [Nosso amor]: apelo tático à cumplicidade universal das mães.
*On veut nous l'ôter*: [Querem tirá-lo de nós]: os gregos, o mundo de forma indeterminada.

## A divisão

Cabe lembrar aqui que a divisão é a estrutura fundamental do universo trágico. Chega a ser sua marca e privilégio. Por exemplo, somente o herói trágico é dividido; confidentes e familiares nunca debatem; avaliam ações diversas, mas não alternativas. A divisão raciniana é rigorosamente binária, o possível nada mais é que o contrário. Essa partição elementar decerto reproduz uma idéia cristã[51]; mas no Racine profano não há maniqueísmo, a divisão é uma forma pura: é a função dual que conta, e não seus termos. O homem raciniano não se debate entre o bem e o mal: ele se debate, só isso; seu problema está no nível da estrutura, não da pessoa[52].

Em sua forma mais explícita, a cisão atinge primeiramente o *eu*, que se sente em perpétua luta consigo mesmo. O amor é aí uma espécie de poder catalítico que acelera a cristalização das duas partes. O monólogo é a expressão própria da divisão. O monólogo raciniano articula-se obrigatoriamente em dois membros contrários (*Mais non...* [Mas não], *Hé quoi...* [Mas o que], etc.); é consciência falada da divisão, e não deliberação verdadeira[53].

...........................

**51.** Ver, por exemplo, o cântico de São Paulo traduzido por Racine:
*Mon Dieu, quelle guerre cruelle!*
*Je trouve deux hommes en moi... (Cantique spirituel,* n.º 3.)
[Meu Deus, que guerra cruel! / Sinto dois homens em mim...]

**52.** É preciso lembrar que a cisão é a primeira característica de um estado neurótico: o eu de cada neurótico está cindido e, por conseguinte, suas relações com a realidade são limitadas. (Nunberg, *Principes de psychanalyse,* PUF, 1957.)

**53.** À deliberação estéril do herói raciniano cabe opor a deliberação real do velho rei Dânao, em *As suplicantes* de Ésquilo. É verdade que Dânao precisa decidir entre a paz ou a guerra, e Ésquilo é um poeta considerado arcaico!

Isso porque o herói se sente sempre *sob a ação* de uma força exterior a si mesmo, de um além longínquo e terrível, do qual se sente o joguete, que pode até dividir o tempo de sua pessoa, desapossá-lo de sua própria memória[54] e é suficientemente forte para *revirá-lo*, fazê-lo passar, por exemplo, do amor ao ódio[55]. Cabe acrescentar que a divisão é o estado normal do herói raciniano; sua unidade só é encontrada em momentos extáticos, no exato momento em que, paradoxalmente, ele está *fora de si*: a cólera solidifica deliciosamente esse eu dilacerado[56].

Naturalmente, a divisão não atinge apenas o eu, mas a figura, no sentido mítico com que já definimos esse termo; o teatro raciniano está cheio de duplos, que continuamente levam a divisão ao nível do espetáculo: Eteocles e Polinice, Taxiles e Cleófila, Heitor e Pirro[57], Burrhus e Narciso, Tito e Antíoco, Xifares e Farnaces, Nero e Britânico etc. Como se verá em breve, a divisão, qualquer que seja seu sofrimento, permite que o herói resolva bem ou mal seu problema essencial, a fidelidade:

...........................

54. Hermione esquece que ela mesma mandou Orestes assassinar Pirro. (V, 5.)
55. Por exemplo:
    *Ah! Je l'ai trop aimé pour ne le point haïr.* (*Andr.* II, 1.)
    [Ah! Eu o amei demais para não o odiar.]
56. *Ah! je vous reconnais; et ce juste courroux,*
    *Ainsi qu'à tous les Grecs, seigneur, vous rend à vous.* (*Andr.* II, 5.)
    *Ma colère revient, et je me reconnais.* (*Mitr.* IV, 5.)
    [Ah! Eu vos reconheço; e essa justa cólera, / Assim como a todos os gregos, senhor, vos devolve a vós mesmo.
    Minha cólera retorna, e eu me reconheço.]
57. Apesar do desdém com que essa interpretação foi acolhida, estou convencido de que há uma ambivalência entre Heitor e Pirro na visão de Andrômaca.

dividido, o ser raciniano é de algum modo deportado para longe de seu passado pessoal, rumo a um passado exterior que ele não fez. Seu mal é ser infiel a si mesmo e fiel demais ao outro. Seria possível dizer que ele fixa em si mesmo a cisão que ele não tem coragem de impor a seu parceiro: amarrada a seu carrasco, a vítima se desliga parcialmente de si mesma. Por esse motivo a divisão também lhe permite viver: ela é o preço pago para *manter-se*: o cisma é aí expressão ambígua do mal e do remédio.

## O Pai

Quem é esse outro de quem o herói não pode se separar? Em primeiro lugar – ou seja, da maneira mais explícita – é o Pai. Não há tragédia na qual ele não esteja, real ou virtualmente, presente[58]. O que o constitui não é obrigatoriamente o sangue nem o sexo[59], nem mesmo o poder; seu ser é sua anterioridade: o que vem depois dele originou-se dele, implicado inelutavel-

---

58. Os pais do teatro raciniano: *A Tebaida*: Édipo (Sangue). – *Alexandre*: Alexandre (Paideus). – *Andrômaca*: Os gregos, a Lei (Hermione, Menelau). – *Britânico*: Agripina. – *Berenice*: Roma (Vespasiano). – *Bajazet*: Amurat, irmão mais velho (delegado a Roxana). – *Mitrídates*: Mitrídates. – *Ifigênia*: Os gregos, os deuses (Agamenon). – *Fedra*: Teseu. – *Ester*: Mardoqueu. – *Atalia*: Joade (Deus).

59. Sem falar de Agripina, Mitrídates e Mardoqueu são expressamente pai e mãe ao mesmo tempo:
    *Mais moi, qui dès l'enfance élevé dans son sein...* (*Mithr.* IV, 2.)
    *Mais lui, voyant en moi la fille de son frère,*
    *Me tint lieu, chère Élise, et de père et de mère.* (*Est.* I, 1.)
    [Mas eu, desde a infância criado em seu seio...
    Mas ele, vendo em mim a filha de seu irmão, / Serviu-me, cara Elisa, de pai e de mãe.]

mente numa problemática da fidelidade. O Pai é o passado. E, como sua definição vem muitíssimo antes de seus atributos (sangue, autoridade, idade, sexo), ele é realmente e sempre um Pai total; para além da natureza, ele é um fato primordial, irreversível: o que foi *é*, esse é o estatuto do tempo raciniano[60]; para Racine, naturalmente essa identidade é a própria desdita do mundo, que está fadado ao indelével, ao inexpiável. É nesse sentido que o Pai é imortal: sua imortalidade é marcada muito mais pelo retorno do que pela sobrevida: Mitrídates, Teseu e Amurat (sob os traços do negro Orcan) voltam da morte, lembram ao filho (ou ao irmão mais novo, é a mesma coisa) que nunca se pode matar o Pai. Dizer que o Pai é imortal quer dizer que o Anterior é imóvel: quando o Pai falta (provisoriamente), tudo se desfaz; quando volta, tudo se aliena: a ausência do Pai constitui a desordem; o retorno do Pai institui a culpa.

O sangue, que ocupa lugar eminente na metafísica raciniana, é um substituto estendido do Pai. Tanto num caso como noutro, não se trata de uma realidade biológica, mas essencialmente de uma forma: o Sangue é uma anterioridade mais difusa e mais terrível, portanto, que o Pai: é um Ser transtemporal que *persiste*, à maneira de uma árvore: persiste, ou seja, resiste e dura como um só bloco e possui, retém, envisca. Portanto, o Sangue é, literalmente, uma Lei, o que quer dizer um vínculo e uma legalidade. O único movimento permitido ao filho é romper, e não desligar-se. Encontra-se aí o impasse

---
**60.** Sobre o tempo raciniano, ver G. Poulet, *Études sur le temps humain*.

constitutivo da relação autoritária, a alternativa catastrófica do teatro raciniano: ou o filho mata o Pai, ou o Pai destrói o filho: em Racine, os infanticídios são tão numerosos quanto os parricídios[61].

A luta inexpiável entre Pai e filho é a luta entre Deus e a criatura. Deus ou os deuses? Sabe-se que, no teatro raciniano, as duas fábulas existem, a antiga e a judaica. Mas, na verdade, dos deuses pagãos Racine fica só com a natureza opressiva e gratuita: com a maldição que atribuem ao Sangue, os deuses apenas garantem o caráter inexpiável do passado; seu plural abrange uma função única, que é a mesma do Deus judeu, vingança e paga, mas uma paga que sempre excede a falta[62], de tal modo que se trata de um Deus, por assim dizer, anterior à lei restritiva do talião. O único e verdadeiro Deus raciniano não é grego nem cristão, é o Deus do Antigo Testamento, em sua forma literal e como que épica: é Jeová. Todos os conflitos

...........................
61. No século XVII, a palavra *parricídio* é entendida como qualquer atentado à autoridade (o Pai, o Soberano, o Estado, os Deuses). Quanto aos infanticídios, há praticamente um por peça:
        Édipo fadando seus filhos a um ódio assassino.
        Hermione (os gregos, o Passado) mandando matar Pirro.
        Agripina asfixiando Nero.
        Vespasiano (Roma) frustrando Tito.
        Mitrídates e seus filhos.
        Agamenon e Ifigênia.
        Teseu e Hipólito.
        Atalia e Joás.
Ademais, há em Racine duas maldições de mãe para filho: Agripina e Nero (V, 7.), Atalia e Joás (V, 6.).
62. *Sa haine va toujours plus loin que son amour.* (*Mitr.* I, 5.)
[Seu ódio vai sempre mais longe do que seu amor.]

racinianos são construídos com base num modelo único, o do par formado por Jeová e seu povo: nos dois casos, a relação é feita de uma alienação *recíproca*: o ser onipotente liga-se *pessoalmente* a seu súdito, protege-o e castiga-o caprichosamente, mantém-no com repetidos golpes na situação de termo eleito de um par indissolúvel (a eleição divina e a eleição trágica são ambas terríveis); por sua vez, o súdito nutre pelo amo um sentimento pânico de apego e terror, de ardil também: em suma, filho e Pai, escravo e amo, vítima e tirano, amado e amada, criatura e divindade estão ligados por um diálogo sem saída e sem mediação. Em todos os casos, trata-se de uma relação *imediata*, à qual se negam a fuga, a transcendência, o perdão e até a vitória. A linguagem que o herói raciniano fala ao Céu é sempre uma linguagem de combate, de combate pessoal. É: ou a ironia (*Voilà de ces grands Dieux la suprême justice!* [Eis desses grandes Deuses a suprema justiça!]), ou a cavilação (*Un oracle dit-il tout ce qu'il semble dire?* [Um oráculo dirá tudo o que parece dizer?]), ou a blasfêmia (*Dieu des Juifs, tu l'emportes!* [Deus dos judeus, venceste!]). O Deus raciniano existe proporcionalmente à sua malignidade; devorador de homens, como a mais arcaica das divindades[63], seus atributos ha-

...........................

**63.** *Et le sang d'un héros, auprès des Immortels,*
*Vaut seul plus que celui de mille criminels.* (*Teb.* III, 3.)

*J'ai mendié la mort chez des peuples cruels*
*Qui n'apaisent leurs Dieux que du sang des mortels.* (*Andr.* II, 2.)

[E o sangue de um herói, perante os Imortais, / Sozinho vale mais que o de mil criminosos. Mendiguei a morte entre povos cruéis / Que só aplacam seus Deuses com o sangue dos mortais.]

bituais são a injustiça, a frustração⁶⁴, a contradição⁶⁵. Mas seu Ser é a Maldade.

## A reviravolta

Cabe lembrar aqui que o mecanismo da tragédia-espetáculo é o mesmo de toda metafísica providencial: a reviravolta. *Converter todas as coisas em seu contrário* é ao mesmo tempo a fórmula do poder divino e a própria receita da tragédia⁶⁶. A reviravolta é, efetivamente, a figura fundamental de todo o teatro raciniano, seja no nível das situações miúdas, seja no nível de uma peça inteira (*Ester*, por exemplo). Encontra-se mais uma vez aí a obsessão por um universo de duas dimensões: o mundo é feito de contrários puros, nunca mediados por nada.

...........................

64. (O Céu.)
    *Mais, hélas! quand sa main semble me secourir,*
    *C'est alors qu'il s'apprête à me faire périr.* (*Teb.* III, 3.)
    [Mas, ai! Quando sua mão parece socorrer-me, / Na verdade ele se prepara para dar-me a morte.]

65. *Voilà de ces grands Dieux la suprême justice!*
    *Jusques au bord du crime ils conduisent nos pas;*
    *Ils nous le font commettre et ne l'excusent pas.* (*Teb.* III, 2.)
    [É essa de tais Deuses a suprema justiça! / Até a beira do crime eles conduzem nossos passos; / Fazem-nos cometê-lo e não o desculpam.]

66. A teoria da reviravolta trágica data de Aristóteles. Um historiador recente tentou depreender sua significação sociológica: o sentido da reviravolta (*converter todas as coisas em seu contrário*, segundo palavras de Platão) seria a expressão de uma sociedade cujos valores estão desorganizados e subvertidos pela passagem brutal do feudalismo para o mercantilismo, ou seja, por uma brusca promoção do dinheiro (Grécia do século V, Inglaterra elisabetana). Essa explicação não pode referir-se, com essa forma, à tragédia francesa, a não ser que passe pela intermediação de uma explicação ideológica, como a dada por L. Goldmann. (Ver G. Thomson, *Marxism and Poetry.*)

Deus derruba ou eleva, esse é o movimento monótono da criação. De tais inversões são inúmeros os exemplos. Parece até que Racine constrói todo o seu teatro com base na forma que, etimologicamente falando, é a peripécia e nela investe retrospectivamente aquilo que se chama de "psicologia". É evidente que se trata de um tema muito antigo, o da cativa coroada ou do tirano rebaixado, mas em Racine esse tema não é uma "história", não tem espessura épica; é realmente uma forma, uma imagem obsessiva que se adapta a conteúdos variados. O que a reviravolta capta é uma totalidade: o herói tem a sensação de que *tudo* é arrebatado nesse movimento de virada: o mundo inteiro vacila, não há negociação na pesagem do Destino, porque, justamente, o Destino sempre se apodera de uma situação já organizada, provida de um sentido, de uma figura (de uma *face*)[67]: a reviravolta se abate sobre um universo já criado por uma inteligência. O sentido da reviravolta é sempre depressivo (salvo nas tragédias sacras): ela põe as coisas de alto a baixo, a queda é sua imagem[68] (há, provavelmente, em Racine uma imaginação *descensional*, que o *Cântico espiritual* n.º 3 possibilita adivinhar[69]: lembremos a

..........................

**67.** Essa *solidificação* da situação vivida se expressa em fórmulas como: *contra mim tudo se une; tudo mudou de face* etc.

**68.** A teoria da queda é dada pela mulher de Amã, Zarés:

*Où tendez vous plus haut? Je frémis quand je voi*
*Les abîmes profonds qui s'offrent devant moi:*
*La chute désormais ne peut être qu'horrible.* (*Est.* III, 1.)

[Para que altura tendeis? Fremo quando vejo / Os abismos profundos que se abrem diante de mim: / A queda agora só pode ser horrível.]

**69.** (Os dois homens, que estão no *eu*)

*L'un tout esprit, et tout céleste,*
*Veut qu'au Ciel sans cesse attaché,*

análise do *tenebroso* raciniano). Como ato puro, a reviravolta não tem duração, é um ponto, um clarão (em linguagem clássica, é chamada de *coup* [golpe]), seria possível dizer quase uma simultaneidade[70]: o herói atingido mantém numa percepção dilacerante o antigo estado do qual é despojado e o novo estado que lhe é designado. De fato, mais uma vez, tal como na divisão, a consciência de vida nada mais é que a consciência de reviravolta: ser é não só estar dividido, como também estar revirado.

Ora, aquilo que constitui toda a especificidade da reviravolta trágica é o fato de ser exata e como que medida. Seu desenho fundamental é a simetria. O Destino conduz todas as coisas para o seu contrário como se através de um espelho: invertido, o mundo continua, e só o *sentido* de seus elementos é permutado. É a consciência dessa simetria que aterroriza o herói atingido; o que ele chama de *cúmulo* da mudança é a própria inteligência que sempre parece conduzir a fortuna *precisamente* para seu lugar oposto; ele assiste com terror à submissão do universo a um poder *exato*: a tragédia, para ele, é a arte do *precisamente*

---

..............................
*Et des biens éternels touché,*
*Je compte pour rien tout le reste*
*Et l'autre par son poids funeste*
*Me tient vers la terre penché.* (*Cantique spirituel*, n.º 3.)

[Um, todo espírito e todo celeste, / Quer que ao Céu sempre ligado, / E pelos bens eternos tocado, / Eu conte como nada todo o resto / E o outro, com seu peso funesto, / Mantém-me para a terra inclinado.]

70. A espécie de *atemporalidade* da reviravolta, evidentemente, é acentuada pela regra de unidade de tempo (o que prova mais uma vez até que ponto essas regras não são simples convenções, mas a expressão viva de uma ideologia completa):

*Je me vois, dans le cours d'une même journée...* (*Brit.* II, 3.)

[Vejo-me no curso de um mesmo dia...]

(é o *ipse* latino, a essência da coisa)⁷¹. Em suma, o mundo é regido por uma malícia que sabe buscar na felicidade seu cerne negativo. A estrutura do mundo trágico é *desenhada*, de tal modo que o mundo está sendo sempre mergulhado de novo na imobilidade: a simetria é a própria plástica da imediação, do fracasso, da morte, da esterilidade⁷².

A maldade é sempre *precisa*, de modo que se pode dizer que a tragédia raciniana é a arte da maldade: é por manejar a simetria que Deus funda um espetáculo⁷³, sua malignidade é

...........................

**71.** A conjunção do *precisamente* trágico é *quando*: e *quando...* (enunciado do *cúmulo...*) *então* (enunciado da queda), É o *cum... tum...* latino, complexo ao mesmo tempo adversativo e temporal (simultâneo). Os exemplos são inúmeros, sob outras formas gramaticais:

Je n'ai donc traversé tant de mers, tant d'États,
Que pour venir si loin préparer son trépas, (*Andr.* V, 1.) etc.

[Atravessei pois tantos mares, tantos Estados, / Só para vir tão longe preparar sua morte, etc.]

Também na ordem das situações, os exemplos são muitos; enumero ao acaso: é *precisamente* a Narciso que Britânico se confia; é *precisamente* quando conhece sua origem que Erifila deve morrer; é *precisamente* quando Agamenon condena a filha que a filha se alegra com sua bondade; é *precisamente* quando se imagina no ápice das honrarias que Amã cai; é *precisamente* quando quer salvar seu amante que Atalida o perde etc.

**72.** Sem querer forçar a comparação entre a ordem estética ou metafísica e a ordem biológica, não caberá lembrar que *aquilo que é* sempre é por dissimetria?

"Alguns elementos de simetria podem coexistir com certos fenômenos, mas não são necessários. Necessário é que alguns elementos de simetria não existam. É a dissimetria que cria o fenômeno." (Pierre Curie)

**73.** (Os deuses.)

*Prennent-ils donc plaisir à faire des coupables,*
*Afin d'en faire après d'illustres misérables?* (*Teb.* III, 2.)

[Acaso sentem prazer em criar culpados, / Para depois fazer deles ilustres miseráveis?]

E no prefácio de *Ester*:

*... je pourrais remplir toute mon action avec les seules scènes que Dieu lui-même, pour ainsi dire, a préparées.*

[... eu poderia preencher toda a minha ação apenas com as cenas que Deus mesmo, por assim dizer, preparou.]

estética, ele apresenta um belo espetáculo ao homem, o espetáculo da depressão. Aliás, esse jogo reversivo tem sua retórica: a antítese, e sua figura versificada, a cadência [*frappe*][74] do alexandrino (é certo que o alexandrino se presta admiravelmente à organização dimórfica do mundo raciniano[75]). Como organizador do espetáculo trágico, Deus se chama Destino. Agora se entende o que é o Destino raciniano; não é exatamente Deus, é um aquém de Deus, um modo de não nomear sua maldade. O destino permite que o herói trágico fique parcialmente cego para a fonte de sua desdita, que situe sua inteligência original, seu conteúdo plástico, esquivando-se de designar a responsabilidade por ela: é um ato pudicamente separado de sua causa. Compreende-se muito bem essa espécie de abstração paradoxal quando se pensa que o herói sabe fazer a dissociação entre a realidade do Destino e a essência do Destino: ele prevê essa realidade, ignora essa essência; ou melhor, prevê a própria imprevisibilidade do Destino, vive-o realmente como uma forma, um *mana*, o lugar guardado da reviravolta[76], absorve-se espontaneamente nessa forma, sente a si mesmo como forma pura e

...........................

74. Claudel a propósito de Racine:
    *Frapper* é isso. Como se diz: *frapper* o champanhe [colocá-lo no gelo moído], *frapper* [cunhar] uma moeda, um pensamento bem *frappé* [cunhado, formulado]... algo que eu chamarei de detonação da evidência. (*Cahiers Renaud-Barrault*, VIII.)

75. A antítese é velha como o mundo, e o alexandrino, comum a toda uma civilização. Sem dúvida: o número das formas é sempre finito. Isso não impede que elas tenham sentidos particulares. A crítica não pode se abster de examinar uma forma a pretexto de que ela tem caráter universal. Lamento não termos ainda uma "filosofia" do alexandrino, uma sociologia da metáfora ou uma fenomenologia das figuras de retórica.

76. *Destino* é o nome de uma força que se aplica ao presente ou ao futuro. Quanto ao passado, há outra palavra, pois aí o *mana* já recebeu um conteúdo: é a *sina*.

contínua[77], e esse formalismo lhe permite ausentar pudicamente Deus, mas sem o abandonar.

## A Culpa

Assim, a tragédia é essencialmente um processo movido contra Deus, mas processo infinito, processo suspenso e revirado. Racine inteiro cabe nesse instante paradoxal em que o filho, apesar de descobrir que o pai é malvado, quer continuar a ser seu filho. Para essa contradição só existe uma saída (que é a própria tragédia): o filho assumir a culpa do Pai, a culpabilidade da criatura desonerar a divindade. O Pai esmaga injustamente: bastará que seus golpes sejam retroativamente merecidos para se tornarem justos. O Sangue é, precisamente, o veículo dessa retroação. Pode-se dizer que todo herói trágico nasce inocente; ele se torna culpado para salvar Deus[78]. A teologia raci-

---

77. Ver a correção significativa:
    *Je me livre en aveugle au* destin *qui m'entraîne.* (*Andr.* I, 1.)
    [Entrego-me cego ao *destino* que me arrasta.]
    No lugar de:
    *Je me livre en aveugle au* transport *qui m'entraîne.*
    [Entrego-me cego ao *arrebatamento* que me arrasta.]
78. *Mon innocence enfin commence à me peser.*
    *Je ne sais de tout temps quelle injuste puissance*
    *Laisse le crime en paix et poursuit l'innocence.*
    *De quelque part sur moi que je tourne les yeux,*
    *Je ne vois que malheurs qui condamnent les Dieux.*
    *Méritons leur courroux, justifions leur haine...* (*Andr.* III, 1.)
    [Minha inocência enfim começa a pesar-me. / Nunca sei que injusto poder / Deixa o crime em paz e persegue a inocência. / Para qualquer lado que eu volte o olhar, / Só vejo desditas que condenam os Deuses. / Mereçamos sua cólera, justifiquemos seu ódio...]

niana é uma redenção invertida: é o homem que resgata Deus. Percebe-se agora qual é a função do Sangue (ou do Destino): ele dá ao homem o direito de ser culpado. A culpa do herói é uma necessidade funcional: se o homem é puro, Deus é impuro, e o mundo se desfaz. Portanto, é necessário que o homem *assuma* sua culpa, como seu bem mais precioso: e haverá meio mais seguro de ser culpado do que tornar-se responsável por aquilo que está fora dele, antes dele? Deus, o Sangue, o Pai, a Lei, em suma, a Anterioridade torna-se, por essência, acusadora. Essa forma de culpa absoluta não deixa de lembrar aquilo que em política totalitária se chama de culpa objetiva: o mundo é um tribunal: se o réu é inocente, culpado é o juiz; portanto, o réu assume a culpa do juiz[79].

Percebe-se agora a natureza exata da relação de autoridade. A não é apenas poderoso e B, fraco. A é culpado, B é inocente. Mas, como é *intolerável* que o poder seja injusto, B assume a culpa de A: a relação opressiva se transmuda em relação punitiva, mas sem que cesse jamais entre os dois parceiros todo um jogo pessoal de blasfêmias, dissimulações, rupturas e reconciliações. Pois a confissão de B não é uma oblação generosa: é o terror de abrir os olhos para o Pai culpado[80]. Essa mecânica da culpa alimenta todos os conflitos racinianos, inclusive

---

79. O feudalismo na China antiga: "Só se dá vantagem a um estrangeiro quando ele comete uma falta; o elo de enfeudação resulta da falta que 'deve' ser cometida e do perdão que essa falta *tem a finalidade* de obter" (Granet, *Année sociologique*, 1952, p. 22).

80. Diante do célebre complexo de Édipo, seria possível chamar esse movimento de complexo de Noé: entre os filhos, um ri da nudez do Pai, e os outros desviam o olhar e a cobrem.

os amorosos: em Racine só existe uma relação, a relação entre Deus e a criatura.

## O "dogmatismo" do herói raciniano

Essa aliança terrível é a fidelidade. O herói nutre pelo Pai o horror do enviscamento: está preso à sua própria anterioridade como a uma massa possessiva que o asfixia. Essa massa é feita de um acúmulo disforme de elos[81]: cônjuges, pais, pátria, filhos até, todas as figuras da legalidade são figuras de morte. A fidelidade raciniana é fúnebre, desditosa. É o que sente Tito, por exemplo: quando o pai estava vivo, ele era livre; depois que o pai morreu, tornou-se prisioneiro. Portanto, é essencialmente pela força de ruptura que se mede o herói raciniano: fatalmente, é a infidelidade que o emancipa. As figuras mais regressivas são as que permanecem presas ao Pai, envolvidas em sua substância (Hermione, Xifares, Ifigênia, Ester, Joade): o Passado é um *direito* que ela representa com soberba, ou seja, com agressividade, ainda que essa agressividade seja civilizada (em Xifares e Ifigênia). Outras figuras, embora permaneçam incondicionalmente submetidas ao Pai, vivem essa fidelidade como uma ordem fúnebre e a toleram com lamentos indiretos

---

81. *O cendres d'un époux! ô Troyens! ô mon père!*
 *O mon fils, que tes jours coûtent cher à ta mère!* (*Andr.* III, 8.)
 [Ó cinzas de um esposo! Ó troianos! Ó meu pai! / Ó meu filho, como teus dias custam caro à tua mãe!]

(Andrômaca, Orestes, Antígona, Júnia, Antíoco, Mônima). Finalmente outros – e são os verdadeiros heróis racinianos – vivenciam plenamente o problema da infidelidade (Hêmon, Taxiles, Nero, Tito, Farnaces, Aquiles, Fedra, Atalia e, o mais emancipado de todos, Pirro): sabem que querem romper, mas não descobrem como; sabem que podem passar da infância à maturidade sem outro parto[82], que em geral é o crime, parricídio, matricídio ou deicídio; são definidos pela *recusa de herdar*; por isso, seria possível transpor para eles as palavras de Husserl e chamá-los de heróis *dogmáticos*; no vocabulário raciniano, são os *impacientes*. Seu esforço de desvencilhamento é combatido pela força inesgotável do Passado; essa força é uma verdadeira Erínia[83], que vem impedir a fundação de uma nova Lei, na qual tudo seria finalmente possível[84].

Esse é o dilema. Como sair dele? Mas, antes, *quando* sair? A fidelidade é um estado pânico, é vivida como um fechamento cuja ruptura constitui um abalo terrível. Esse abalo, porém, ocorre: é o intolerável (o *é demais* raciniano, ou também o *cúmu-*

---

[82]. Burrhus é aquele que tenta fazer nascer em Nero o Imperador do filho. Falando de outros conselheiros:

*Dans une longue enfance ils l'auraient fait vieillir.* (*Brit.* I, 2.)

[Numa longa infância eles o teriam feito envelhecer.]

[83]. Em seu aspecto agressivo, vingador, erínico, a fidelidade seria uma noção fortemente judaica: "Mas, no seio do povo judeu, sempre surgiram homens que revivificavam a tradição enfraquecida e renovavam as admoestações e as injunções de Moisés, não descansando enquanto as crenças perdidas não fossem restabelecidas" (Freud, *Moïse et le monothéisme*).

[84]. *Animé d'un regard, je puis tout entreprende* [Animado por um olhar, posso empreender tudo], diz Pirro a Andrômaca. Ou seja, se me ajudar a romper com a Erínia Hermione, consigo ter acesso à nova Lei.

*lo*, o extremo *mortal*). O sofrimento do vínculo é uma verdadeira apnéia[85], e por isso provoca à ação; acuado, o herói raciniano *quer* precipitar-se para fora. Mas esse movimento mesmo é suspenso pela tragédia: o homem raciniano é *surpreendido* em seu desvencilhamento; ele é o homem do *que fazer?*, e não do *fazer*; ele clama, invoca uma ação, não a realiza; propõe alternativas, mas não as resolve; vive impelido ao ato, mas não se projeta nele; conhece dilemas, não problemas; ele é mais rejeição que projeção (exceto, novamente, Pirro); fazer, para ele, é apenas mudar. Essa natureza suspensa da alternativa se expressa em inúmeros discursos racinianos; sua articulação habitual é: *Ah, mais vale...*, o que quer dizer: tudo, inclusive a morte, vale mais do que continuar assim.

O movimento liberatório do homem raciniano é puramente intransitivo, já é germe do fracasso: a ação não tem onde se aplicar, pois já de saída o mundo está afastado. A divisão absoluta do universo, oriunda do fechamento do par em si mesmo, exclui qualquer mediação; o mundo raciniano é um mundo de dois termos, seu estatuto é paradoxal, não dialético: falta o terceiro termo. Nada marca melhor essa intransitividade do que a expressão verbal do sentimento amoroso: o amor é um estado gramaticalmente sem objeto: *eu amo, eu amava, vós amais, preciso amar enfim*, parece que em Racine o verbo amar é por natureza intransitivo; o que é posto é uma força indiferente a seu objeto e, em suma, uma essência do ato, como se o ato se

...........................
**85.** O contrário de sofrer é respirar: "ter algum descanso depois de uma provação terrível".

esgotasse fora de todo e qualquer termo[86]. O amor é, já de saída, despegado de seu objetivo, ele é *frustrado*. Privado da realidade, só pode repetir-se, e não se desenvolver. Por isso o fracasso do herói raciniano provém, afinal, da impotência para conceber o tempo de outra maneira que não seja a repetição: a alternativa tende sempre à repetição, e a repetição, ao fracasso. A duração raciniana nunca é maturativa, é circular, soma e traz de volta, sem nunca transformar nada (*Berenice* é o exemplo mais puro dessa rotação, de onde não sai *nada*, como disse tão bem Racine). Preso por esse tempo imóvel, o ato tende ao rito. Por isso, em certo sentido, nada é mais ilusório do que a noção de crise trágica: ela não desata, corta[87]. Esse tempo-repetição, naturalmente, é o tempo que define a vendeta, o engendramento infinito e como que imóvel dos crimes. De *Irmãos inimigos* a *Atalia*, o fracasso de todos os heróis racinianos consiste em serem eles remetidos inexoravelmente a esse tempo circular[88].

..............................

86. Exemplo:
    *J'aimais, Seigneur, j'aimais: je voulais être aimée.* (*Ber.* V, última cena.)
    [Eu amava, Senhor, amava: queria ser amada.]

    Outro verbo essencializado é *temer*:
    *Qu'est-ce que vous craignez?*
    *— Je l'ignore moi-même,*
    *Mais je crains.* (*Brit.* V, 1.)
    [O que temeis? / Nem eu sei, / Mas temo.]

87. Ao contrário, a tragédia esquiliana, por exemplo, não define, desata (*Oréstia* funda o tribunal humano): *Os elos se desatam, o remédio existe.* (Ésquilo, *Agamenon*.)

88. Maldição de Agripina a Nero:
    *Ta fureur, s'irritant soi-même dans son cours,*
    *D'un sang toujours nouveau marquera tous tes jours.* (*Brit.* V, 6.)
    [Teu furor, exacerbando-se em seu curso, / Com um sangue sempre novo marcará todos os teus dias.]

| *O Homem raciniano* |

## Esboços de soluções

O tempo reiterativo é a tal ponto o tempo de Deus que para Racine é o tempo da própria Natureza; de modo que romper com esse tempo é romper com a Natureza, é tender a uma anti-Physis: por exemplo, é renegar de um modo ou de outro a família, a filiação natural. Alguns heróis racinianos esboçam esse movimento libertador. Sempre se trata de aceitar um terceiro termo para o conflito. Para Bajazet, por exemplo, é o tempo: ele é o único herói trágico que segue uma conduta dilatória, que *espera* e, com isso, ameaça a tragédia em sua essência[89]; é Atalida que o leva de volta à tragédia, à morte, rejeitando toda e qualquer mediação para o seu amor: apesar da suavidade, ela é Erínia, ela *resgata* Bajazet. Para o Nero de Burrhus, esse terceiro termo é o mundo, a tarefa real de um Imperador (esse Nero é progressivo); para o Nero de Narciso, é o crime erigido em sistema, a tirania "pensada" (ele é regressivo em relação

...........................

Maldição de Atalia a Joás:
> *Je me flatte, j'espère*
> *Qu'indocile à ton joug, fatigué de ta loi,*
> *Fidèle au sang d'Achab qu'il a reçu de moi...*
> *On verra de David l'héritier détestable*
> *Abolir tes honneurs, profaner ton autel*
> *Et venger Athalie, Achab et Jézabel.* (At. V, 6.)

[Tenho a esperança, espero / Que, indócil a teu jugo, cansado de tua lei, / Fiel ao sangue de Acabe que ele recebeu de mim... / O herdeiro detestável de Davi / Abolirá tuas honrarias, profanará teu altar / E vingará Atalia, Acabe e Jezabel.]

**89.** Versos antitrágicos:
*Peut-être avec le temps j'oserai davantage.*
*Ne précipitons rien...* (*Baj.* II, 1.)
[Talvez com o tempo eu ouse mais. / Não precipitemos nada...]

ao outro). Para Agamenon, é a falsa Ifigênia, astuciosamente inventada pelo Sacerdote. Para Pirro, é Astianax, a vida real da criança, a construção de um futuro aberto, novo, oposto à lei de vendeta representada pela Erínia Hermione. Nesse mundo atrozmente alternativo, a esperança consiste sempre em ter acesso a uma ordem terciária, em que o dueto formado por carrasco e vítima, Pai e filho, seja finalmente superado. Talvez seja esse o sentido optativo de todos os trios de amantes que atravessam a tragédia, menos como elementos clássicos do triângulo adúltero do que como imagem utópica de uma saída para a esterilidade do par original[90].

Mas a principal solução, a inventada por Racine (e já não por algumas de suas figuras), é a má-fé: o herói se apazigua esquivando-se ao conflito sem o resolver, trasladando-se inteiramente para a sombra do Pai, associando o Pai ao Bem absoluto: é a solução conformista. Essa má-fé ronda todas as tragédias ra-

---

**90.** Hermione diz sobre Andrômaca e Pirro:

*Nous le verrions encor nous partager ses soins.* (*Andr.* V, 3.)

[Nós ainda o veríamos dedicar a nós os seus cuidados.]

Orestes, enlouquecendo:

*Réunissons trois coeurs qui n'ont pu s'accorder.* (*Andr.* última cena.)

[Reunamos três corações que não conseguiram entender-se.]

Júnia a Nero e Britânico:

*Souffrez que de vos coeurs rapprochant les liens...* (*Brit.* III, 8.)

[Aceitai que de vossos corações aproximando os laços...]

Tito a Antíoco:

*Vous ne faites qu'un coeur et qu'une âme avec nous.* (*Ber.* III, 1.)

[Sois um só coração e uma só alma conosco.]

Aqui e ali há vestígios de um curioso dostoievskismo raciniano.

cinianas, atinge eventualmente uma de suas figuras, confere-lhe uma linguagem moral; reina explicitamente nas quatro tragédias "felizes" de Racine: *Alexandre, Mitrídates, Ifigênia, Ester.* Aqui, a tragédia é, de algum modo, fixada como um abscesso numa personagem negra, aparentemente marginal, que serve de vítima expiatória para o restante do grupo (Taxiles, Farnaces, Erifila, Aman). A personagem trágica é realmente expulsa como um indesejável: depois de sua saída, as outras podem respirar, viver, abandonar a tragédia, ninguém mais está lá para olhá-las: podem mentir juntas, celebrar o Pai como um Direito natural, gozar o triunfo de sua boa consciência. Na verdade, essa elisão da tragédia só pode ocorrer à custa de um último arranjo: é preciso desdobrar o Pai, extrair dele uma figura transcendente generosa, um tanto afastada do Pai vingativo pela distância de uma grande função moral ou social. Por isso, em todas essas tragédias, há ao mesmo tempo um Pai e um Rei, distintos um do outro: Alexandre pode ser generoso, pois a lei de vendeta está fixada em Poro; Mitrídates é duplo: como Pai, volta da morte, perturba, pune; como Rei, morre, perdoa; Agamenon quer a morte da filha, e os gregos, a Igreja (Calcas) e o Estado (Ulisses) a salvam; Mardoqueu impõe o peso da Lei, *possui* Ester, Assuero a eleva e satisfaz. Talvez não seja ilícito encontrar nessa divisão astuciosa o próprio ato com que Racine nunca deixou de dividir sua vida entre seu Rei (Luís XIV) e seu Pai (Port-Royal). É Port-Royal que está no fundo de toda tragédia raciniana, desenhando as figuras capitais da fidelidade e do fracasso. Mas é Luís XIV, é a complacência para com o Pai-

Rei, que inspira todas as *soluções* do impasse trágico: é sempre pelo Rei que a tragédia se deteriora, e, aliás, foi a todas essas tragédias "retificadas" que Luís XIV deu sua aprovação mais calorosa.

## O Confidente

Entre o fracasso e a má-fé, há, porém, uma saída possível: a da dialética. A tragédia não ignora essa saída; mas só pôde admiti-la à força de banalizar sua figura funcional: o confidente. Na época de Racine, a moda desse papel está passando, o que talvez aumente seu significado. O confidente raciniano (e isso está de acordo com sua origem) está ligado ao herói por uma espécie de vínculo feudal, de *devoção*; essa ligação designa nele um verdadeiro duplo, provavelmente incumbido de assumir toda a trivialidade do conflito e de sua solução, em suma, de fixar a parcela não trágica da tragédia numa zona lateral em que a linguagem se desvaloriza, torna-se *doméstica*[91]. Como se sabe, ao dogmatismo do herói se opõe continuamente o empirismo do confidente. Cabe lembrar aqui aquilo que já dissemos acerca do fechamento trágico: para o confidente, o mundo existe; saindo da cena, ele pode entrar na realidade e dela vol-

---

**91.** Fedra encarrega Enona de desvencilhá-la das *tarefas* do ato, de modo que ela fique, nobre e infantilmente, apenas com o resultado trágico:
*Pour le fléchir enfin tente tous les moyens.* (*Fed.* III, 1.)
[Para dobrá-lo, enfim, tenta todos os meios.]

tar: sua insignificância autoriza a ubiqüidade. O primeiro resultado desse *direito de sair* é que, para ele, o universo deixa de ser absolutamente antinômico[92]: constituída essencialmente por uma construção alternativa do mundo, a alienação cede tão logo o mundo se torne múltiplo. O herói vive no universo das formas, das alternâncias, dos signos; o confidente, no dos conteúdos, das causalidades, dos acidentes. Sem dúvida ele é a voz da razão (de uma razão bem tola, mas que ainda assim é um pouco a Razão) contra a voz da "paixão"; mas isso quer dizer, principalmente, que ele fala do possível contra o impossível; o fracasso constitui o herói e lhe é transcendente; para o confidente, o fracasso *toca* o herói e lhe é contingente. Donde o caráter dialético das soluções que ele propõe (sem sucesso) e que sempre consistem em mediar a alternativa.

Em relação ao herói, sua medicina é pois aperitivo, consiste em abrir o segredo, em definir no herói o ponto exato de seu dilema; ele quer produzir um esclarecimento. Sua técnica parece grosseira, mas é comprovada: trata-se de provocar o herói aventando ingenuamente uma hipótese contrária a seu impulso, em suma, de "cometer uma gafe"[93] (em geral, o herói "sente" o golpe, mas o encobre rapidamente sob uma torrente de

---

**92.** "É somente na existência social que antinomias tais como subjetivismo e objetivismo, espiritualismo e materialismo, atividade e passividade perdem o caráter antinômico..." (Marx, *Manuscritos econômico-filosóficos.*)

**93.** Exemplo: Terâmenes diz a Hipólito que ele deve precisamente dar vazão a seu amor por Arícia:
*Quoi! vous-même, Seigneur, la persécutez-vous?* (*Fed.* I, 1.)
[Como! Vós mesmo, Senhor, a perseguis?]

palavras justificativas). Quanto às condutas que ele recomenda diante do conflito, são todas dialéticas, ou seja, subordinam o fim aos meios. Vejamos quais são as condutas mais comuns: *fugir* (que é a expressão não trágica da morte trágica); *esperar* (o que equivale a opor ao tempo-repetição o tempo-maturação da realidade)[94]; *viver* (*vivei*, palavra de todos os confidentes, aponta diretamente para o dogmatismo trágico como vontade de fracasso e morte: bastaria que o herói fizesse da vida um valor e se salvaria). Sob suas três formas, a última das quais imperativa, a viabilidade recomendada pelo confidente é realmente o valor mais antitrágico que existe; o papel do confidente não é apenas representá-lo, mas também de opor aos álibis com que o herói encobre seu desejo de fracasso uma *Ratio* exterior à tragédia que, de algum modo, a explica: ele *lamenta* o herói, ou seja, de certa maneira ele atenua sua responsabilidade: acredita-o livre para salvar-se, mas não para fazer o mal, *réu* no fracasso, mas disponível para sua solução; é exatamente o contrário do herói trágico, que reivindica responsabilidade plena quando se trata de assumir um erro ancestral que ele não cometeu, mas se declara impotente quando se trata de superá-lo;

---

94. *Cédez, mon frère, à ce bouillant transport:*
*Alexandre et le temps vous rendront le plus fort.* (*Alex.* III, 3.)

*Laissez à ce torrent le soin de s'écouler.* (*Ber.* III, 4.)

*Mais ce succès, Madame, est encore incertain.*
*Attendez.* (*Baj.* III, 3.)

[Cedei, meu irmão, a esse exaltado arrebatamento: / Alexandre e o tempo vos tornarão mais forte.
Deixai a essa torrente o trabalho de escoar-se.
Mas esse sucesso, Senhora, é ainda incerto. / Esperai.]

em resumo, herói que se pretende livre de ser escravo, mas não livre para ser livre. No confidente, ainda que desajeitado e muitas vezes tolo, talvez já se esboce toda a linhagem de lacaios rebeldes que à regressão psicológica do amo e senhor oporão um domínio maleável e feliz da realidade.

## O medo dos signos

O herói está fechado. O confidente o cerca, mas não penetra nele; as linguagens de ambos são trocadas incessantemente, nunca coincidem. Isso porque o fechamento do herói é um medo ao mesmo tempo profundo e imediato, alimentado na própria superfície da comunicação humana: o herói vive num mundo de signos, sabe-se afetado por eles, mas esses signos não são seguros. Não só o Destino nunca os confirma, como também aumenta a confusão deles ao aplicar um mesmo signo a realidades diferentes; tão logo o herói começa a confiar numa significação (diz-se então *se flatter*), algo sobrevém, desarticula o herói e o lança na perturbação e na decepção; por isso, o mundo se lhe mostra coberto de "cores", e essas cores são ciladas. A fuga do objeto amado (ou seu sucedâneo oral, o silêncio), por exemplo, é terrível, por ser uma ambigüidade no segundo grau; nunca se tem certeza de que seja fuga: como o negativo pode produzir um signo, como o nada pode significar-se? No inferno das significações, a fuga é o primeiro dos suplícios (o ódio dá ao herói uma segurança bem maior, pois, precisamente, é seguro).

Como o mundo está reduzido apenas à relação do par, é o Outro inteiro que é incessantemente interrogado; o herói envida esforços imensos, dolorosos, para *ler* o parceiro ao qual está ligado. Sendo a *boca* o lugar dos falsos signos[95], o leitor se volta o tempo todo para o rosto: a carne é como que a esperança de uma significação objetiva: a *fronte*, que é uma espécie de rosto liso, desnudo, onde se imprime claramente a comunicação que ele recebeu[96], e principalmente os *olhos*, última instância da verdade[97]. Mas o signo mais seguro, evidentemente, é o sig-

..........................

95.  *J'attendais, pour vous croire,*
*Que cette même bouche, après mille serments*
*D'un amour qui devait unir tous nos moments,*
*Cette bouche, à mes yeux s'avouant infidèle,*
*M'ordonnât elle-même une absence éternelle.* (*Ber.* IV, 5.)

*Ah! croyez-vous que, loin de le penser,*
*Ma bouche seulement eût pu le prononcer?* (*Baj.* III, 4.)

[Eu esperava, para vos crer, / Que essa mesma boca, após mil juramentos / De um amor que devia unir todos os nossos momentos, / Que essa boca, a meus olhos confessando-se infiel, / Me ordenasse, ela mesma, uma ausência eterna.
Ah! Acreditais que, longe estando de pensá-lo, / Minha boca poderia tê-lo sequer pronunciado?]

96. Exemplo:

*Je verrai le témoin de ma flamme adultère*
*Observer de quel front j'ose aborder son père.* (*Fed.* III, 3.)

[Verei o testemunho de minha chama adúltera / Observar com que fronte ouso abordar seu pai.]

Apesar do caráter supostamente convencional da língua clássica, não acredito muito na esclerose de suas imagens. Ao contrário, acredito que essa língua extrai sua especificidade (e sua enorme beleza) do caráter ambíguo de suas metáforas, que são ao mesmo tempo conceito e objeto, signo e imagem.

97. *Ma bouche mille fois lui jura le contraire.*
*Quand même jusque-là je pourrais me trahir,*
*Mes yeux lui défendront, Seigneur, de m'obéir.* (*Brit.* II, 3.)

[Minha boca mil vezes jurou-lhe o contrário. / Mesmo que eu pudesse me trair até esse ponto, / Meus olhos o proibirão, Senhor, de obedecer-me.]

no *surpreendido* (uma carta, por exemplo): a infelicidade garantida torna-se alegria que inunda, provoca finalmente a ação: é aquilo que Racine chama de *tranqüilidade*[98].

Talvez o último estado do paradoxo trágico seja o seguinte: todo sistema de significação é duplo, objeto de confiança infinita e de suspeita infinita. Chegamos aqui ao cerne da desorganização: a linguagem. A conduta do herói raciniano é essencialmente verbal; mas também, por um movimento de troca, seu verbo apresenta-se o tempo todo como uma conduta, de tal modo que o discurso do homem raciniano é feito de um movimento imediato: ele é *lançado* diante de nós (obviamente, distingo cuidadosamente linguagem de escrita). Se, por exemplo, dermos ao discurso raciniano um cunho prosaico, sem nenhuma consideração pelo drapeado do tom, encontraremos uma agitação formada por movimentos, exclamações, provocações, réplicas, indignações, em suma, a própria genética da linguagem, não a sua maturidade. O *logos* raciniano nunca se desvincula de si mesmo; ele é expressão, não transitividade; jamais introduz ao manuseio de um objeto ou à modificação de um fato; fica sempre numa espécie de tautologia exaustiva, linguagem da linguagem. É provável que ele possa ser reduzido a um

---

*Le nom d'amant peut-être offense son courage;*
*Mais il en a les yeux, s'il n'en a le langage.* (*Fed.* II, 1.)
[O nome de amante talvez ofenda sua coragem; / Mas do amante ele tem os olhos, se não a linguagem.]

98. *Libre des soins cruels où j'allais m'engager,*
*Ma tranquille fureur n'a plus qu'à se venger* (*Baj.* IV, 5.)
[Livre dos cruéis cuidados nos quais ia me empenhar, / Meu tranqüilo furor só tem de se vingar.]

número finito de articulações ou cláusulas, de uma natureza inteiramente *trivial*: não porque os "sentimentos" são vulgares (coisa em que acreditou deleitosamente a crítica vulgar, de Sarcey e Lemaître[99]), mas porque a trivialidade é a forma própria da sublinguagem, do *logos* que nasce incessantemente e nunca se cumpre. Aliás, nisso reside o sucesso de Racine: sua escrita poética foi suficientemente transparente para deixar adivinhar o caráter quase vulgar da "cena": o substrato articulatório está tão próximo que confere ao discurso raciniano uma espécie de respiração leve, de relaxamento e, eu diria, quase de "*swing*".

## Logos e Práxis

O que a tragédia raciniana traz à tona é uma verdadeira universalidade da linguagem. Nela, a linguagem absorve, numa espécie de promoção inebriada, todas as funções relegadas alhures a outras condutas; quase seria possível dizer que é uma linguagem *politécnica*: ela é um órgão, pode fazer o papel da visão, como se os ouvidos enxergassem[100]; é um sentimento, pois amar, sofrer e morrer, nela é sempre falar; é uma substância, protege (estar *confuso* é parar de falar, é ser descoberto); é uma ordem,

---

99. Para essa crítica, Racine, em *Andrômaca*, por exemplo, punha em cena o caso de uma viúva que, antes de se casar de novo, hesita entre o filho e a lembrança do marido. (Citado por Adam, *Histoire de la littérature française au XVII<sup>e</sup> siècle*, tomo IV, p. 319.)
100. *Le Sérail permet de faire de l'oreille un véritable organe de perception* (*Baj.* I, 1.)
[O Serralho possibilita fazer dos ouvidos um verdadeiro órgão de percepção.]

permite que o herói justifique suas agressões ou fracassos e deles extraia a ilusão de um acordo com o mundo; é uma moral, autoriza a converter a paixão em *direito*. A chave da tragédia raciniana talvez seja: falar é fazer, e o Logos assume as funções da Práxis e a substitui: toda a decepção do mundo se recolhe e se redime na fala; o fazer se esvazia, a linguagem se enche. Não se trata de verbalismo, o teatro de Racine não é um teatro tagarela (em certo sentido, bem menos do que o de Corneille), é um teatro no qual agir e falar se perseguem e se alcançam apenas para fugir um do outro logo depois. Seria possível dizer que nele a fala não é ação, mas reação. Isso talvez explique por que Racine se submeteu tão facilmente à regra formal da unidade de tempo: para ele, o tempo falado não tem dificuldade em coincidir com o tempo real, pois a realidade é a fala; explica também por que ele fez de *Berenice* o modelo de sua dramaturgia: nela, a ação tende à nulidade, em proveito de uma fala desmesurada[101].

Portanto, a realidade fundamental da tragédia é essa fala-ação. Sua função é evidente: mediar a Relação de Força. Num mundo inexoravelmente dividido, os homens trágicos só se comunicam pela linguagem da agressão: eles *fazem* sua linguagem, falam sua divisão, é a realidade e o limite de seu estatuto. O *logos* funciona como uma importante articulação entre a esperança e a decepção: oferece ao conflito original a saída de um terceiro termo (falar é durar), e é então, plenamente, um fazer;

---

**101.** "O herói e a heroína... que com muita freqüência sofrem demais e fazem de menos" (D'Aubignac, citado por Schérer, *Dramaturgie française*, p. 29).

depois se retira, volta a ser linguagem, deixa novamente a relação sem mediação e mergulha de novo o herói no fracasso fundamental que o protege. Esse *logos* trágico é a própria ilusão de uma dialética, é a forma da saída, mas apenas a forma: uma porta falsa, contra a qual o herói vai bater o tempo todo, que é alternadamente o desenho da porta e sua materialidade.

Esse paradoxo explica o caráter desvairado do *logos* raciniano: ele é ao mesmo tempo agitação das palavras e fascinação pelo silêncio, ilusão de poder e terror de parar. Confinados na fala, os conflitos são, evidentemente, circulares, pois nada impede o outro de continuar falando. A linguagem desenha o mundo delicioso e terrível das reviravoltas infinitas e infinitamente possíveis; por isso, é freqüente em Racine uma espécie de preciosismo paciente da agressão: o herói se faz exageradamente tolo para manter a contenda, retardar o tempo atroz do silêncio. Pois o silêncio é irrupção do fazer verdadeiro, é desmoronamento de todo o aparato trágico: pôr fim à fala é encetar um processo irreversível. É então que aparece a verdadeira utopia da tragédia raciniana: a utopia de um mundo no qual a fala fosse solução; mas também seu verdadeiro limite: a improbabilidade. A linguagem nunca é uma prova: o herói raciniano nunca pode comprovar-se: nunca se sabe quem fala a quem[102]. A tragédia é apenas um fracasso que se fala.

---

102. "Psicologicamente", o problema da autenticidade do herói raciniano é insolúvel: é impossível definir uma *verdade* dos sentimentos de Tito em relação a Berenice. Tito só se torna *verdadeiro* no momento em que se separa de Berenice, ou seja, quando passa do *Logos* à *Práxis*.

Mas, como o conflito entre o ser e o fazer se resolve em parecer, funda-se uma arte do espetáculo. É indubitável que a tragédia raciniana é uma das tentativas mais inteligentes já feitas para conferir profundidade estética ao fracasso: ela é realmente a arte do fracasso, a construção admiravelmente tortuosa de um espetáculo do impossível. Nisso, parece combater o mito, pois o mito parte de contradições e tende progressivamente a sua mediação[103]: a tragédia, ao contrário, imobiliza as contradições, recusa a mediação, mantém o conflito aberto; é verdade que toda vez que Racine se apodera de um mito para convertê-lo em tragédia é sempre para, em certo sentido, recusá-lo, paralisá-lo, fazer dele uma fábula em definitivo fechada. Mas, precisamente, quando submetido a uma reflexão estética profunda, encerrado numa forma, sistematizado peça a peça de tal maneira que se possa falar de uma verdadeira tragédia raciniana, retomado enfim por toda uma posteridade com admiração, essa mesma recusa do mito se torna mítica: *a tragédia é o mito do fracasso do mito*: a tragédia tende afinal a uma função dialética: do *espetáculo* do fracasso ela acredita poder fazer uma superação do fracasso, e da paixão pelo imediato, uma mediação. Arruinadas todas as coisas, a tragédia permanece como *espetáculo*, ou seja, como acordo com o mundo.

---

**103.** Cf. Lévi-Strauss, *Anthropologie structurale*, cap. XI, Paris, Plon [Trad. bras. *Antropologia estrutural*, Rio de Janeiro, Tempo Brasileiro, 2003].

# OBRAS

## A Tebaida

Qual é o assunto de *A Tebaida*? O ódio. Há muitos ódios no teatro de Racine. De Axiane por Taxiles, de Hermione por Andrômaca, de Nero por Britânico, de Roxana por Atalida, de Erifila por Ifigênia, de Aman por Mardoqueu, de Joade por Matã. São ódios francos, heterogêneos, poderíamos dizer. Há também ódios ambíguos, familiares ou amorosos, que opõem seres muito próximos *por natureza*: Agripina e Nero, Xifares e Farnaces, Roxana e Bajazet, Hermione e Pirro, Atalia e Joás. Em *A Tebaida*, o ódio é dessa espécie. É um ódio homogêneo, opõe irmão a irmão, o mesmo ao mesmo[1]. Eteocles e Polinice

...........................
1. Durante o século XVII, *A Tebaida* é chamada sobretudo de *Os irmãos inimigos*.

são tão semelhantes que o ódio entre eles é uma espécie de corrente interna que agita uma mesma massa. O ódio não divide os dois irmãos: Racine diz o tempo todo que os aproxima; eles se necessitam mutuamente para viver e morrer, seu ódio é expressão de uma complementaridade, extrai sua força dessa mesma unidade: odeiam-se por não poderem distinguir-se.

Portanto, é pouco dizer que eles estão próximos: na verdade, são contíguos. Irmãos gêmeos, encerrados desde a origem da vida no mesmo ovo, criados juntos no mesmo lugar, o palácio onde hoje se confrontam[2], nunca se afastaram um do outro; uma sentença do pai os condenou a ocupar a mesma função, e essa função (reinado de Tebas) é um lugar: ocupar o mesmo trono é, literalmente, ocupar o mesmo espaço[3]; lutar por esse trono é disputar o lugar onde eles querem alojar o próprio corpo, é, em suma, infringir a lei que os fez gêmeos.

Nascido de uma unidade física, é no próprio corpo do adversário que o ódio vai buscar forças para manter-se. Condenados pela natureza e pela decisão do pai à coexistência infindável, os dois irmãos extraem desses laços o precioso fermento do conflito. Desde antes de nascerem – diz Racine –, no pró-

...........................
2. *Considérez ces lieux où vous prîtes naissance...* (IV, 3.)
   [Considerai este lugar onde nascestes...]
3. *Jamais dessus le trône on ne vit plus d'un maître;*
   *Il n'en peut tenir deux, quelque grand qu'il puisse être...* (IV, 3.)

   *Le trône pour vous deux avait trop peu de place;*
   *Il fallait entre vous mettre un plus grand espace...* (V, 2.)

   [Nunca sobre o trono se viu mais de um senhor; / Nele não cabem dois, por maior que seja...
   O trono para vós ambos tinha pouco lugar; / Teria sido preciso pôr entre vós mais espaço...]

prio ventre da mãe, já colados um ao outro, os dois fetos brigavam[4]. A vida dos dois não passa de repetição monótona dessa cena original. O trono no qual o pai os coloca ao mesmo tempo (pois a sucessão alternada dos reinados, evidentemente, não passa de substituto matemático da coincidência dos espaços), o trono apenas repete aquela área primitiva. O que eles desejam para saciar o ódio não é a batalha, o aniquilamento estratégico e abstrato do inimigo: é o corpo-a-corpo individual, é o abraço físico; e é assim que morrem, na liça. Seja útero, trono ou arena, eles nunca conseguem escapar ao espaço comum que os encerra, um protocolo único regeu-lhes nascimento, vida e morte. E o esforço que fazem para desvincular-se um do outro nada mais é que o triunfo final de sua identidade.

O primeiro conflito raciniano, portanto, já é um corpo-a-corpo. Nisso reside, creio, a originalidade da *A Tebaida*: não o fato de dois irmãos se odiarem, tema herdado de um folclore antiqüíssimo, mas o fato de esse ódio ser o ódio de dois corpos, de o corpo ser o alimento soberano do ódio[5]. A partir des-

....................

**4.** *Pendant qu'un même sein nous renfermait tous deux,*
*Dans les flancs de ma mère une guerre intestine*
*De nos divisions lui marqua l'origine.* (IV, 1.)

[Enquanto um mesmo ventre nos encerrava a ambos, / Nas entranhas de minha mãe uma guerra intestina / De nossas divisões marcou-lhe a origem.]

**5.** *Je veux qu'en se voyant leurs fureurs se déploient,*
*Que rappelant leur haine, au lieu de la chasser,*
*Ils s'étouffent, Attale, en voulant s'embrasser.* (III, 6.)
*Plus il approche, et plus il me semble odieux.* (IV, 1.)

[Quero que, vendo-se, o furor deles irrompa, / Que, lembrando-se do ódio, em vez de bani-lo, / Eles se sufoquem, Átalo, quando quiserem abraçar-se.
Quanto mais ele se aproxima, mais odioso me parece.]

se momento, a impaciência do herói raciniano é física, ele luta sempre contra uma fascinação comum pelo amor e pelo ódio[6]: Eros é um poder ambíguo.

Racine entendeu bem que, insistindo na natureza corporal desse ódio, traduziria melhor a sua gratuidade. Sem dúvida, há entre os dois irmãos uma controvérsia política em torno do poder: Polinice baseia-se no direito divino, Eteocles, no sufrágio popular: parecem confrontar-se duas concepções do Príncipe. Mas, na verdade, o verdadeiro Príncipe é Creonte: é ele que quer reinar. Para os dois irmãos, o trono não passa de álibi[7]: eles se odeiam de modo absoluto e sabem disso graças à emoção física que deles se apodera quando estão face a face[8]. Racine adivinhou bem essa verdade moderna, de que, afinal, o corpo do outro é sua essência mais pura: e por ser físico o ódio dos dois irmãos é um ódio de essência[9]. Sendo orgânico, ele tem todas as funções de um absoluto: ocupa, nutre, consola da infelicidade, dá alegria, perdura para além da morte[10]; em suma, é

---

6. ...*Et que dans notre sang il voulut mettre au jour*
   *Tout ce qu'ont de plus noir et la haine et l'amour.* (IV, 1.)
   [...E em nosso sangue ele quis trazer a lume / Tudo o que de mais negro têm o ódio e o amor.]
7. *J'aurais même regret qu'il me quittât l'empire.* (IV, 1.)
   [Eu até lamentaria se ele me cedesse o império.]
8. ...*Cette approche excite mon courroux.*
   *Qu'on hait un ennemi quand il est près de nous!* (IV, 2.)
   [...Essa aproximação instiga a minha cólera. / Como odiamos um inimigo quando está perto de nós!]
9. *Ce n'est pas son orgueil, c'est lui seul que je hais.* (IV, 1.)
   [O que eu odeio não é o seu orgulho, é a ele mesmo.]
10. *Tout mort qu'il est, Madame, il garde sa colère.* (V, 3.)
    [Senhora, mesmo morto, ele conserva sua cólera.]

uma transcendência. Faz viver ao mesmo tempo que faz morrer, e nisso consiste sua ambigüidade bem moderna.

Pois esse primeiro ódio raciniano, graças a uma confusão capital, é já ao mesmo tempo um mal e seu remédio. Aqui é preciso remontar à sua origem: o Sangue que corre nas veias dos dois inimigos, o incesto, o pecado do Pai. Ora, sabemos que em Racine o Sangue, o Destino e os Deuses são uma mesma força negativa, um *mana*, um *alhures* cujo vazio desenha a irresponsabilidade humana. Os dois irmãos não podem ser responsáveis por um ódio que lhes vem de um além de si mesmos – e essa é sua desdita –, mas podem inventar suas formas, converter esse ódio num protocolo que eles regem plenamente: assumir seu ódio já é encontrar a liberdade trágica, que nada mais é que o reconhecimento de uma Necessidade. Os dois irmãos se conhecem odientos assim como Fedra se conhecerá culpada, e isso consuma a tragédia. Estamos assim no cerne da metafísica raciniana: o homem paga com sua culpa o capricho dos Deuses[11], faz-se culpado para absolver os Deuses; ao cometer um crime que não quis, ele corrige de maneira propiciatória o absurdo escandaloso de um Deus que pune aquilo que ele mesmo ordenou[12], confunde culpa e punição, faz do ato humano ao mesmo tempo um crime e um tormento e só define

...........................
11. Os Deuses? Ou Deus? Racine diz elegantemente: o Céu.
12. *Voilà de ces grands Dieux la suprême justice!*
    *Jusques au bord du crime ils conduisent nos pas;*
    *Ils nous le font commettre et ne l'excusent pas.* (III, 2.)
    [É essa de tais Deuses a suprema justiça! / Até a beira do crime eles conduzem nossos passos; / Fazem-nos cometê-lo e não o desculpam.]

o homem para condená-lo. Assim se esboça em *A Tebaida* um sistema blasfematório que terá seu coroamento nas últimas tragédias, *Fedra* e *Atalia*. O fundo desse sistema é uma teologia invertida: o homem assume a culpa dos Deuses, seu Sangue resgata a malignidade deles. Os Deuses puseram injustamente o ódio entre Eteocles e Polinice; aceitando viver esse ódio, Eteocles e Polinice justificam os Deuses.

Entre os Deuses, poderosos e culpados, e o homem, fraco e inocente, estabelece-se assim uma espécie de compromisso, que é o Mal; uma legalidade extremamente arcaica alimenta os dois termos da relação de força: os Deuses e os homens; tal é a economia da tragédia rigorosa. Mas sabemos que a tragédia de Racine é um sistema barroco; nela, uma herança antiqüíssima, proveniente do fundo das eras e do fundo de Racine, luta com as primeiras forças do espírito burguês; a tragédia raciniana é impura, nela há sempre algum ponto de apodrecimento. Em *A Tebaida* esse ponto existe: é Creonte. Creonte esboça uma ruptura da legalidade trágica[13], mais ou menos como Pirro em *Andrômaca* ou Nero em *Britânico*. Pretende escapar do complexo parasitário que une os Deuses e os irmãos. Para ele, o mundo existe, e essa é sua salvação. O ódio dos gêmeos é um movimento sem objeto, que gira infinitamente em torno de si mesmo; as paixões de Creonte sabem deter-se num fim que lhes é exterior, adotam objetos reais, mundanos: ele ama uma

---

13. *Cette rupture est également ébauchée par Hémon, qui définit son amour* contre *les Dieux.* (II, 2.) [Essa ruptura também é esboçada por Hêmon, que define seu amor *contra* os Deuses.]

mulher, quer reinar; seu próprio fracasso é contingente, não é um Destino. Diante da Lei coletiva, do Sangue de família, do Tempo repetido da Vendeta, ele desenha o estatuto do primeiro homem raciniano, que já não reconhece o Passado como um valor e só quer haurir em si mesmo sua própria Lei[14].

A oposição poética, portanto, não está entre os dois irmãos, mas entre estes e Creonte. Fazendo do Sangue que os une a própria substância de seu ódio, os gêmeos vivem a Natureza como um inferno, mas dela não saem; apenas substituem a fraternidade pelo seu contrário; invertendo os termos da relação afetiva, continuam nela encerrados, e é a própria simetria de sua situação que lhes veda qualquer saída; estão colados um ao outro por uma relação de agressão, ou seja, de pura complementaridade. Creonte, ao contrário, rompe esse protocolo; não tem inimigos, só tem obstáculos: indiferente, e não hostil, à filiação[15], sua liberdade passa por uma *desnaturação* explícita[16]: ele já é a figura secundária, porém ameaçadora, que se encontra em toda a tragédia raciniana como Destruição da Tragédia, e que é o Indivíduo.

...........................
14. *Et sans me rappeler des ombres des enfers,*
    *Dis-moi ce que je gagne, et non ce que je perds.* (V, 4.)
    [E sem me relembrares das sombras dos infernos, / Dize-me o que ganho, e não o que perco.]
15. *Le nom de père, Attale, est un titre vulgaire.* (V, 4.)
    [O nome paterno, Átalo, é um título vulgar.]
16. *La nature est confuse et se tait aujourd'hui.* (V, 2, var.)
    [A natureza está confusa e hoje se cala.]

## Alexandre

À primeira vista, *Alexandre* é uma obra de estilo ainda feudal: nela vemos a confrontação de dois combatentes igualmente valorosos, um dos quais é irredutível perante o outro, que é vitorioso; a vendeta se eternizaria se, por um ato de generosidade sublime, o vencedor imperial não pusesse fim definitivo ao conflito: a Monarquia triunfante interrompe a lei antiga e funda uma ordem nova: é isso pelo menos que Racine queria que aplaudissem em sua peça[17].

De fato, Alexandre e Poro formam um falso par. Alexandre é um deus, não luta; ou melhor, munido de tropas reais, e não de armas verbais, luta fora da tragédia. O verdadeiro par é Poro e Taxiles, sustentados por seus duplos, Axiane e Cleófila; são os dois reis indianos os verdadeiros Irmãos inimigos. Um, corajoso e altivo, é o guardião orgulhoso da lei da vendeta; o outro procura transgredi-la pagando o preço de um quase valor inaudito na tragédia: a covardia. O interesse despertado por *Alexandre* (que não é dos menores) está na covardia de Taxiles.

Taxiles pactua com o inimigo antes mesmo de lutar com ele; sabe produzir astuciosamente os álibis necessários a toda colaboração política: pacifista, faz apelo aos valores da civilização, cita as afinidades culturais e religiosas dos dois países em guerra, lembra oportunamente que um antigo circuito de tro-

---

17. *Le véritable sujet de la pièce... (est) ... la générosité de ce conquérant* (Prefácio I) [O verdadeiro assunto da peça ... (é) ... a generosidade desse conquistador.]

cas os aproxima: a História está do lado da Paz. É um colaborador nato: Alexandre farejou nele a colaboração antes mesmo que ele se declarasse[18]. Mais que isso: pode ser que ele tenha um verdadeiro gosto pela covardia, e que seja traidor por um daqueles projetos profundos em que o homem queima sua liberdade[19]. Sua baixeza não é circunstancial: ele está disposto não só a ceder seu país ao ocupante (em troca de vantagens que, aliás, não ficam claras), mas também sua irmã[20]; existe nele uma espécie de senso gratuito de proxenetismo (para não usar palavra mais vulgar); a covardia para ele tem tão pouco interesse, ele a percebe a tal ponto como liberdade, que sente por ela uma espécie de sedução: em resumo, a covardia é um papel que ele assume. Sua escolha é tão manifesta em Taxiles que não hesitamos em creditar-lhe alguns maus sentimentos que ele ainda não demonstrou, especialmente a ingratidão[21] (cujo papel proeminente conhecemos no inferno raciniano).

............................

**18.** Taxiles diz sobre Alexandre:
*Il cherche une vertu qui lui résiste moins,*
*Et peut-être il me croit plus digne de ses soins.* (I, 1.)
[Ele procura uma virtude que lhe resista menos, / E talvez me creia mais digno de seus cuidados.]

**19.** Cleófila diz ao irmão, mencionando os "súditos" de Alexandre:
*Ah! si ce nom vous plaît, si vous cherchez à l'être...* (I, 1.)
[Ah! Se esse nome vos agrada, se quereis ser um deles...]

**20.** *Vous m'avez engagée à souffrir son amour*
*Et peut-être, mon frère, à l'aimer à mon tour.* (I, 1.)
[Vós me incitastes a suportar seu amor / E talvez, meu irmão, a amá-lo também.]

**21.** Axiane a Taxiles:
*Des traîtres comme toi font souvent des ingrats.* (III, 2.)
[Traidores como tu amiúde se fazem ingratos.]

Essa covardia terá algum cerne, alguma fibra central? É uma covardia física. Axiane sabe disso muito bem: quando quer acuar Taxiles em sua verdade, recorre ao medo da luta e diz ironicamente: que Taxiles lute, se quiser desmentir sua própria essência[22]. Em Racine, essa covardia, aliás, chega a ter um nome físico: é a frouxidão[23]. Taxiles é feito de uma matéria viscosa, que cede para melhor triunfar. Ele mesmo conhece sua própria substância e sabe teorizá-la[24]; sente Alexandre como uma força separadora, um "torrente"; basta ceder à sua passagem e depois afirmar-se, reconstituir-se por trás dele. Sua arma é o apagamento, sua defesa é o escorregar; as palavras mais mordazes não o atingem, a "glória" não o intimida (se se deixa matar, é para possuir Axiane, não para merecê-la); só o resultado conta, que é obter Axiane. Portanto, é lógico que esse "covarde" assuma deliberadamente o poder mais antipático para a tragédia: a duração[25].

............................

**22.** Axiane a Taxiles:
*Il faut, s'il est vrai que l'on m'aime,*
............................................
*Il faut combattre, vaincre, ou périr sous les armes...* (IV, 3).
[É preciso, se é verdade que me amam, /... É preciso combater, vencer, ou morrer sob as armas...]

**23.** Poro, falando de Taxiles:
*Je craignais beaucoup plus sa molle résistance.* (II, 5.)
[Eu temia muito mais sua frouxa resistência.]

**24.** I, 2.

**25.** É seu duplo Cleófila que o diz, dirigindo-se a Taxiles:
*Alexandre et le temps vous rendront le plus fort.* (III, 3.)
[Alexandre e o tempo vos tornarão o mais forte.]

No entanto, há nessa massa frouxa algo que perturba sua homogeneidade: Taxiles está apaixonado. O ser se divide[26], sua própria covardia já não é una; a personagem atinge então – de maneira derrisória – o estatuto do herói trágico: ele se desconjunta, um escândalo íntimo atenta contra sua quietude, ainda que esta seja a quietude da baixeza. A dualidade aí abarca verdadeiras substâncias: de um lado, o ser de Taxiles, sua frouxidão, sua elasticidade, sua brandura; do outro, o *fazer* de Taxiles, o amor incondicional por uma mulher dura, severa (ela nem sequer confessa seu amor por Poro), rigorosa, cuja fala penetra como aço[27]. Pois o que une Taxiles a Axiane é, na verdade, uma complementaridade: ambos são unidos por uma relação *exatamente* contrária, o ser e o *fazer* de Taxiles estão *exatamente* divididos. Por isso, o par raciniano, nesse caso, não é formado por Axiane e Poro ou por Alexandre e Cleófila, mas por Axiane e Taxiles; os dois se enquadram na grande contradição raciniana das substâncias, onde também se encontram os pares construídos à sua imagem, os solares e os sombrosos, Pirro e Andrômaca, Nero e Júnia, Roxana e Bajazet, Mitrídates e Mônima. A sombra – que, como se sabe, é muito mais substância compacta do que privação de luz – a sombra aí é o homem; viril é a mulher,

---

**26.** *Sais-je pas que Taxile est une âme incertaine,*
*Que l'amour le retient quand la crainte l'entraîne?* (I, 3.)
[Acaso não sei que Taxiles é uma alma hesitante, / Que o amor o retém quando o temor o arrasta?]

**27.**             *Approche, puissant roi,*
*Grand monarque de l'Inde, on parle ici de toi.* (IV, 3.)
[Aproxima-te, poderoso rei, / Grande monarca da Índia, aqui se fala de ti.]

porque é ela que fere, divide, mutila. Taxiles está sempre correndo atrás de sua virilidade, sabe que só pode obtê-la de Axiane; como todos os homens racinianos, ele tenta confundir em si o varão e o carcereiro, fazendo de Axiane um objeto cativo, pois em Racine só essa relação constitui uma sexualidade plena. Mas a tentativa é ridícula, porque os termos estão invertidos desde a origem: a massa não pode envolver o ferro; o que liga não pode vencer o que mutila; em Racine, esse é um fracasso, digamos, *dado*, que constitui todo o sentido de seu teatro.

A oposição substancial que organiza de algum modo a relação de Taxiles e Axiane será ainda mais perceptível se pensarmos que Taxiles tem um duplo: Cleófila[28]. Da mesma substância moral de Taxiles[29], Cleófila lhe é ao mesmo tempo irmã e mãe, pois foi dela que Taxiles puxou a frouxidão, ou seja, seu ser[30]. Perto de Cleófila, Taxiles é absolutamente ele mesmo, é um herói reconciliado; mas, por isso mesmo, passar para Axiane é voltar-se contra Cleófila: a passagem dolorosa da mãe à amante é feita, mais uma vez em Racine, por meio do desastre: Taxiles perde as duas ao mesmo tempo, assim como Nero perde

...........................

28. Duplicidade perfeita, pois Cleófila *vende* Taxiles, assim como Taxiles vendeu Cleófila:
    *Va, tu sers bien le maître à qui ta soeur te donne* (III, 2.)
    [Vai, tu serves bem o amo a quem tua irmã te dá] – diz Axiane a Taxiles.
29. Cleófila cria ciladas, sua arma é o ardil:
    *Sais-je pas que sans moi sa timide valeur*
    *Succomberait bientôt aux ruses de sa soeur?* (I, 3.)
    [Acaso não sei que, sem mim, seu tímido valor / Logo sucumbiria aos ardis da irmã?]
30. *Elle en a fait un lâche...* (V, 3.)
    [Ela fez dele um covarde...]

Agripina e Júnia. Duplo antes de ser inimiga, Cleófila representa bem essa oscilação entre o mesmo e o outro, que nunca atinge o repouso.

Muito interessante em Cleófila é o fato de ser um duplo feliz: não tanto por ser amada, e mais por aceitar alienar-se a quem a ama. Sombrosa e cativa, ela encontra uma relação *reta* com o solar Alexandre. Não só assume seu cativeiro (foi como cativa que amou Alexandre[31]), como também faz desse cativeiro a sombra feliz projetada por um deus: diz ela que Alexandre purifica o que toca[32], abole todas as contradições[33], é fonte absoluta de valores[34]. Assim, a generosidade do conquistador coroa uma ordem justa das substâncias: a clemência guerreira e a oblação moral expressam de fato o sucesso raro de uma relação humana.

O modo como todos exorcizam de alguma forma o fracasso de Taxiles é muito curioso, pois já anuncia outra tragédia de

..........................

31. *Mon coeur...*
    *Se consolait déjà de languir dans ses fers;*
    *Et loin de murmurer contre un destin si rude,*
    *Il s'en fit, je l'avoue, une douce habitude.* (II, 1.)
    [Meu coração... / Já se consolava por sofrer em seus ferros; / E, em vez de murmurar contra um destino tão rude, / Fez dele, confesso, um doce costume.]
32. *Son choix à votre nom n'imprime point de taches.* (I, 1.)
    [Sua escolha em vosso nome não imprime máculas.]
33. *Quoiqu'il brûle de voir tout l'univers soumis,*
    *On ne voit point d'esclave au rang de ses amis.* (I, 1.)
    [Embora ele aspire ver todo o universo submetido, / Não se vê nenhum escravo entre seus amigos.]
34. *C'est à vous de vous rendre*
    *L'esclave de Porus ou l'ami d'Alexandre.* (I, 1.)
    [Cabe-vos tornar-vos / Escravo de Poro ou amigo de Alexandre.]

Racine, que apresenta o mesmo tipo de oblação e terá o mesmo sucesso que *Alexandre*: *Ifigênia*. Nessas duas obras, a tragédia é indireta, relegada: derrisória em *Alexandre* com os traços de Taxiles, secundária em *Ifigênia* com os traços de Erifila. Nesta como naquela, é a personagem negra que assume a tragédia, libertando dela todo um conjunto de atores que só pedem para viver; e, nesta como naquela, fixado assim o mal, exorcizada a tragédia, os vivos podem prestar-lhe uma solene (e hipócrita) homenagem: ao sacrifício espetacular de Erifila, que arrebata a faca das mãos de Calcas para ferir-se, corresponde a "soberba tumba" erguida a Taxiles por Alexandre, Poro, Axiane e mesmo Cleófila[35]: numa, a tragédia é sacrificada; na outra, enterrada.

## Andrômaca

Em *A Tebaida*, não há outra saída para a vingança senão o assassinato; em *Alexandre*, senão a covardia ou a clemência sobre-humana. Mas em *Andrômaca* Racine faz pela terceira vez a mesma indagação: como passar de uma ordem antiga para uma nova? Como a morte pode gerar a vida? Quais são os direitos de uma sobre a outra?

A ordem antiga é ciumenta: ela *mantém*. É a ordem da Fidelidade (a língua do século XVII dispõe de uma palavra pre-

---

35. *Et qu'un tombeau superbe instruise l'avenir*
   *Et de votre douleur et de mon souvenir.* (V, última cena.)
   [E que uma tumba soberba ensine ao futuro / Vossa dor e de minha lembrança.]

ciosamente ambígua, ao mesmo tempo política e amorosa, a *Fé*); sua imobilidade é consagrada por um rito, o juramento. Andrômaca jurou fidelidade a Heitor, Pirro comprometeu-se solenemente com Hermione[36]. Essa ordem formalista é um círculo, *aquilo de onde não se pode sair*, o fechamento é sua definição suficiente. Naturalmente, esse fechamento é ambíguo: é prisão, mas também pode ser asilo[37], e a ordem antiga é uma segurança: nela Hermione se refugia o tempo todo[38], Pirro teme sair dela[39]. Portanto, trata-se de uma Legalidade verdadeira, de um contrato: a Lei exige, e em troca disso protege. Nas duas peças anteriores, essa antiga Legalidade (embora bicéfala: Eteocles e Polinice, Poro e Axiane) permanecia indiferenciada; em *Andrômaca*, sua exigência, sem perder a violência, se divide.

Hermione é sua figura arcaica e, por conseguinte (pois que se trata, em suma, de uma crise de individualismo), a mais so-

........................

**36.** *Je sais de quels serments je romps pour vous les chaînes.* (III, 7.)
*J'ai cru que mes serments me tiendraient lieu d'amour.* (IV, 5.)
[Sei de que juramentos por vós quebro as cadeias.
Acreditei que meus juramentos me valessem como amor.]

**37.** Essa é uma ambigüidade fundamental em Racine:
*J'ai cru que sa prison deviendrait son asile,* (III, 6.)
[Acreditei que sua prisão se tornaria seu asilo,]
diz Andrômaca ao falar de Astianax.

**38.** Especialmente para se livrar de Andrômaca:
*Je conçois vos douleurs; mais un devoir austère,*
*Quand mon père a parlé, m'ordonne de me taire.*
*C'est lui qui de Pyrrhus fait agir le courroux.* (III, 4.)
[Concebo vossa dor; mas um dever austero, / Quando meu pai falou, ordena-me calar. / É ele que provoca a cólera de Pirro.]

**39.** *Considère, Phoenix, les troubles que j'évite.* (II, 5.)
[Considera, Fênix, os transtornos que evito.]

cializada. Hermione, de fato, é o penhor de uma sociedade inteira. Essa sociedade (*"os gregos"*) dispõe de uma ideologia, a vendeta (o saque de Tróia, punição pelo rapto de Helena, alimenta incessantemente a vida afetiva da pátria), e de uma economia (como em toda sociedade solidificada, a expedição tinha ao mesmo tempo fins morais e lucrativos[40]); em resumo, essa sociedade (e Hermione com ela) goza de uma *boa consciência*[41]. Sua figura central, álibi incessante, é o Pai (Menelau), apoiado pelos deuses, de tal modo que romper a fidelidade a Hermione é, ao mesmo tempo, rejeitar Pai, Passado, Pátria e Religião[42]. Os poderes dessa sociedade são inteiramente delegados a Hermione, que os delega a seu duplo, Orestes. O ciúme de Hermione, aliás, é ambíguo: é um ciúme de apaixonada, mas é também, muito além da própria Hermione, a reivindicação sombria de uma Lei que reclama o que lhe é devido[43] e condena à morte quem a trair: não é por acaso que Pirro morre sob os golpes dos gregos que, no último momento, substituem, no ato de vingança, os delegados que o amor havia tornado pouco seguros. Portan-

---

**40.** *Nos vaisseaux tout chargés des dépouilles de Troie...* (II, 1.)
 [Nossos navios carregados dos despojos de Tróia...]
**41.** *Le choix de Pyrrhus offense une légalité de caste. Andromaque est l'étrangère et la captive.* (II, 1.) [A escolha de Pirro atenta contra uma legalidade de casta. Andrômaca é a estrangeira e a cativa.]
**42.** *Va profaner des Dieux la majesté sacrée...* (IV, 5.)
 [Vai profanar dos Deuses a majestade sagrada...]
**43.** *J'ai cru que tôt ou tard, à ton devoir rendu,*
 *Tu me rapporteras un coeur qui m'était dû.* (IV, 5.)
 [Acreditei que, cedo ou tarde, voltando ao teu dever, / Tu me trarias de volta um coração que me era devido.]

to, a fidelidade amorosa está aí indissoluvelmente ligada à fidelidade legal, social e religiosa. Hermione concentra em si funções diferentes, mas todas coercitivas: apaixonada, apresenta-se sempre como "noiva", amante legal, solenemente comprometida, cuja rejeição não é uma afronta pessoal, mas um verdadeiro sacrilégio; grega, é filha do Rei vingador, delegada de um Passado que devora[44]; morta, é Erínia, atormentadora, repetição incessante da punição, vendeta infindável, triunfo definitivo do Passado. Assassina do varão, assassina da criança que é seu verdadeiro rival porque é o futuro, Hermione está inteiramente do lado da Morte, mas de uma morte ativa, possessiva e infernal; vinda de um passado muito remoto, ela é mais força que mulher; seu duplo instrumental, Orestes, apresenta-se como joguete (lamentável) de uma antiqüíssima fatalidade que o supera, seu pendor o remete para bem atrás de si mesmo[45].

Hermione é delegada pelo Pai, Andrômaca, pelo Amante. Andrômaca é exclusivamente definida por sua fidelidade a Heitor, e, realmente, um dos paradoxos do mito raciniano está no fato de toda uma crítica ter visto nela a figura ideal da mãe. Andrômaca não é suficientemente clara quando diz que Astianax, para ela, não passa da imagem (física) de Heitor[46], que mesmo

---

**44.** *Et je lui porte enfin mon coeur à dévorer.* (V, última cena.)
[E levo-lhe meu coração para ser devorado.]

**45.** *Je me livre en aveugle au* destin *qui m'entraîne.* (*Andr.* I, 1.)
[Entrego-me cego ao *destino* que me arrasta.]

**46.** *C'est Hector, disait-elle, en l'embrassant toujours;*
*Voilà ses yeux, sa bouche...* (II, 5.)
[É Heitor, dizia ela, ainda a abraçá-lo; / Vede seus olhos, sua boca...]

seu amor pelo filho lhe foi expressamente ordenado pelo marido? Seu conflito não é de esposa e mãe, é o conflito que nasce de duas ordens contrárias emanadas de uma mesma fonte: Heitor quer, ao mesmo tempo, viver como morto e como substituto; Heitor lhe ordenou, ao mesmo tempo, a fidelidade ao túmulo e a salvação do filho, porque o filho é ele: na verdade, há um mesmo Sangue, e a este Andrômaca deve ser fiel[47]. Diante da contradição de seu dever, não é sua maternidade que Andrômaca consulta (e, se a tivesse consultado, teria hesitado um só instante?): o que ela consulta é a morte, pois do morto partiu a contradição e, por conseguinte, só ele pode resolvê-la; e a tragédia é possível porque Andrômaca não é mãe, mas amante.

Naturalmente, há uma simetria entre as duas fidelidades, a de Hermione e a de Andrômaca. Como força vindicativa, por trás de Hermione há os gregos; para Andrômaca, para além de Heitor, há Tróia. À Grécia dos Atridas corresponde, ponto por ponto, a Ílion dos Enéadas, seus ancestrais, suas famílias, seus deuses, seus mortos. Andrômaca vive a relação de vendeta da mesma maneira que Hermione; não deixou de recolocar Pirro no conflito das tribos, só o vê no sangue que une as duas facções com um elo infinito. Hermione e ela, na verdade, participam de uma legalidade homóloga. A diferença é que An-

---

47. Pode-se imaginar o ódio que Astianax, vivendo, poderia vir a sentir contra aquele Pai que ocupava todo o seu espaço: belo argumento para Racine para a continuação de *Andrômaca* (que, em certa medida, é *Britânico*). A fidelidade ao marido é tão devoradora, e a equiparação entre filho e esposo é tão estreita, que a maternidade se torna incestuosa:
*Il m'aurait tenu lieu d'un père et d'un époux.* (I, 4.)
[Ele me teria servido de pai e esposo.]

drômaca está vencida, cativa, que a legalidade por ela perpetuada é mais frágil do que a de Hermíone: Pirro, inimigo de toda legalidade, volta-se para Andrômaca, ou seja, a legalidade mais frágil. O passado de Hermione é povoado por armas poderosas; o de Andrômaca está reduzido a um puro valor, só pode afirmar-se verbalmente (donde a invocação incessante de Andrômaca a Heitor). Esse vazio da legalidade troiana é simbolizado por um objeto que determina todos os movimentos ofensivos: o túmulo de Heitor; para Andrômaca, ele é refúgio, consolo, esperança, oráculo até; por uma espécie de erotismo fúnebre, ela quer morar nele, encerrar-se nele com seu filho, viver na morte uma espécie de *ménage à trois*[48]. A fidelidade de Andrômaca já é apenas defensiva; decerto, o peso do Sangue ainda existe, Heitor prolonga Tróia; mas todos os ancestrais estão mortos; a fidelidade aí não passa de memória, oblação virtuosa da vida em proveito da lembrança.

A legalidade de Andrômaca é frágil também por outra razão. Andrômaca está diante de um verdadeiro dilema de fato, não de juízo; a alternativa à qual Pirro a obriga a põe diante da realidade; em resumo, por mais alienada que esteja, ela tem uma responsabilidade que envolve o outro, ou seja, o mundo. Por certo tenta esquivar-se a ela: delegando ao túmulo a tarefa de decidir e depois imaginando uma espécie de estado zero do desfecho (*Deixai-me ocultá-lo em alguma ilha deserta*) e, no fim, optando pelo suicídio. Não obstante, ela quer que o filho viva,

--------

**48.** *Ainsi tous trois, Seigneur, par vos soins réunis...* (I, 4.)
   [Assim os três, Senhor, reunidos por vossos cuidados...]

e nisso coincide com Pirro. Ela sente perfeitamente que a salvação do filho de fato consagra uma ruptura da legalidade por ela representada e, por isso, resiste tanto a essa salvação (durante três atos, o que é muito para uma mãe). Além do mais, ela reconhece tudo o que essa salvação e essa ruptura implicam: uma verdadeira transformação do Tempo, a abolição da Lei de vendeta[49], o fundamento solene de um novo uso[50]. O que está em jogo lhe parece tão importante que para ela só sua própria morte está à altura disso. Condenada a representar o Passado, ela se imola quando esse Passado lhe escapa. O suicídio de Hermione é um apocalipse, Hermione é pura esterilidade, arrasta, voluntária e agressivamente, em sua própria morte toda a Legalidade que lhe incumbe[51]. O suicídio de Andrômaca é um sacrifício; contém em embrião um futuro aceito, e esse sacrifício implica o próprio ser de Andrômaca: ela consente em separar-se de uma parte de Heitor (Astianax), em amputar sua função de guardiã amorosa, consente numa fidelidade incompleta. Além do mais, sua morte significa que Astianax, para ela, já deixou de ser totalmente Heitor; pela primeira vez, ela descobre a existência de um Astianax II, que vive por si mesmo, e não como puro reflexo do morto: seu filho existe, enfim, como crian-

---

**49.** *Mais qu'il ne songe plus, Céphise, à nous venger.* (IV, 1.)
[Mas que ele não pense mais, Céfisa, em nos vingar.]

**50.** A fundação da nova Lei ocorre diante dos deuses, no altar em que Pirro desposa Andrômaca. Essa solenidade, com razão, faz que Andrômaca tenha segurança em relação a Pirro. Ela entendeu que Pirro quer realmente a salvação da criança.

**51.** *Je renonce à la Grèce, à Sparte, à son empire,*
*A toute ma famille...* (V, 3.)
[Renuncio à Grécia, à Esparta, a seu império, / A toda a minha família...]

ça, como promessa. Essa "descoberta" lhe foi inspirada pela morte: Andrômaca se faz, assim, mediadora entre a morte e a vida: a morte gera a vida; o Sangue já não é apenas força constritiva, veículo de um esgotamento; ele é também líquido germinativo, viabilidade, futuro.

Ora, toda essa antiga Legalidade, essa ordem da fidelidade incondicional, seja ela na forma agressiva (Hermione), seja na atenuada (Andrômaca), está num estado crítico, ameaçada em ambos os casos por Pirro. O perigo é novo, porque a contestação não vem, como em *A Tebaida*, de uma moral "natural" (as objurgações de Jocasta e de Antígona em nome de uma santa filialidade), mas de uma vontade de viver, livre já de saída de qualquer álibi moral: tudo se fecha diante de Pirro, de tal forma que a irrupção é seu modo fundamental de ser: do lado de Hermione, o Pai; do lado de Andrômaca, o Rival: todos os lugares já estão ocupados: se quiser ser, precisará destruir. Jocasta, em resumo, opunha à Legalidade tribal uma Legalidade mais restrita, familiar. Pirro vai bem mais longe: reivindica em nome de uma Legalidade "por fazer". O conflito aí já não ocorre entre o ódio e o amor; ocorre de maneira muito mais áspera (e justa) entre aquilo que foi e aquilo que quer ser. Já não é a paz que contesta a violência, são duas violências que se defrontam; ao desvario de Hermíone e à "boa consciência" de Andrômaca responde abertamente o "dogmatismo" de Pirro[52].

---

**52.** O debate entre as duas Legalidades está sendo sempre coberto por um debate propriamente amoroso; as personagens passam de um ao outro como numa ciranda incessante. Mas essa ciranda não é fuga; o amor não é mistificação, mas apenas sinal de uma totalidade que o engloba.

O desenvolvimento do mito raciniano afastou Pirro para um plano secundário. Mas, se pensarmos a peça em termos de Legalidade, não haverá dúvida de que Pirro dirige toda a economia das forças[53]. O que faz dele a figura mais emancipada de todo o teatro raciniano (e ouso dizer, a mais simpática) é que, em todo esse teatro, Pirro é a única personagem de boa-fé: decidido a romper, procura pessoalmente Hermíone (IV, 5) e se explica com ela sem recorrer a nenhum álibi; não tenta justificar-se, assume abertamente a violência da situação, sem cinismo e provocação. Sua justeza provém de sua libertação profunda: ele não monologa, não está inseguro sobre os signos (ao contrário de Hermione, que se embaraça numa problemática das aparências); quer escolher em si mesmo e apenas para si entre o passado e o futuro, o conforto abafado de uma Legalidade antiga e o risco de uma Legalidade nova. Para ele, o problema é viver, nascer para uma nova ordem, para uma nova era. Esse nascimento só pode ser violento: toda uma sociedade está ali a olhá-lo e *reconhecê-lo*, e às vezes ele fraqueja, seu olhar sobre si mesmo está prestes a confundir-se com o olhar da antiga Legalidade que o formou[54].

Mas, na maioria das vezes, esse olhar lhe é intolerável, e para livrar-se dele ele luta. Para ele, o peso de um amor não correspondido se confunde com a dominação da ordem antiga;

...........................

53. Aliás, é em Pirro que Racine mais modificou os dados antigos. Pelo que sei, foi Charles Mauron (a quem devo muito desta análise de *Andrômaca* e, de maneira mais geral, pela própria noção da Legalidade raciniana) que pôs Pirro no centro da peça (*L'Inconscient dans l'oeuvre et la vie de Racine*, ed. Ophrys, Gap, 1957).

54. *J'ai songé, comme vous, qu'à la Grèce, à mon père,*
*A moi-même, en un mot, je devenais contraire.* (II, 4.)
[Sonhei, como vós, que à Grécia, a meu pai, / A mim mesmo, em resumo, eu contrariava.]

abandonar Hermione é, expressamente, passar de uma coerção coletiva para uma ordem individual na qual tudo é possível; desposar Andrômaca é começar uma *vita nuova* em que todos os valores do passado são alegremente rejeitados em bloco: pátria, juramentos, alianças, ódios ancestrais, heroísmo juvenil, tudo é sacrificado ao exercício de uma liberdade, o homem recusa aquilo que se fez sem ele[55], a fidelidade desmorona, repentinamente desprovida de evidência, as palavras já não são um terror, a ironia de Hermione torna-se a verdade de Pirro[56].

Da destruição da antiga Lei da vendeta Pirro quer extrair não só uma nova ordem de ação[57], mas também uma administração nova do tempo, que já não será fundada no retorno imutável das vinganças. Para Andrômaca, Heitor e Pirro se correspondiam, como assassinos: um, das mulheres gregas; o outro, das mulheres troianas. Para Hermione, o Épiro devia ser uma nova Tróia[58], e ela, uma segunda Helena[59]. É essa re-

..............................
55. *Nos deux pères sans nous formèrent ces liens...* (IV, 5.)
   [Nossos dois pais sem nós formaram esses elos...]
56. *Tout cela part...*
   *D'un héros qui n'est point esclave de sa foi.* (IV, 5.)
   [Tudo isso parte... / De um herói que não é escravo de sua fé.]
57. *Animé d'un regard, je puis tout entreprendre.* (I, 4.)
   [Animado por um olhar, posso empreender tudo.]
58. *Qu'on fasse de l'Épire un second Ilion.* (II, 2.)
   [Que se faça do Épiro uma segunda Ílion.]
59. *Quoi! sans qu'elle employât une seule prière,*
   *Ma mère en sa faveur arma la Grèce entière...*
   *Et moi...*
   *Je me livre moi-même, et ne puis me venger!* (V, 2.)
   [Como! Sem que empregasse uma única súplica, / Minha mãe em seu favor armou a Grécia inteira... / E eu... / Entrego-me e não posso vingar-me!]

petição que Pirro quer interromper. Isso quer dizer que o Tempo não deve servir para imitar, mas para amadurecer; seu "curso" deve modificar a realidade, converter a qualidade das coisas[60]. Por isso, o primeiro ato do novo reinado de Pirro (quando ele consagra a ruptura, conduzindo Andrômaca ao altar) é abolir o Tempo passado: destruir sua própria memória é o movimento de seu novo nascimento[61]. A ruptura de Pirro, portanto, é fundação: ele assume inteiramente a criança, quer que a criança viva, exalta-se fundando nela uma nova paternidade[62]; identifica-se plenamente com ela[63]: enquanto, num movimento inverso, representando a antiga Legalidade, Andrômaca *remontava* o tempo todo de Astianax a Heitor, Pirro *desce* de si mesmo até Astianax: ao pai natural ele opõe um pai de adoção.

Sem dúvida esse nascimento de Pirro ocorre à custa de uma chantagem; aqui não estamos num mundo dos valores; em

------

**60.** *Hé quoi! votre courroux n'a-t-il pas eu son cours?*
*Peut-on haïr sans cesse? et punit-on toujours?* (I, 4.)
*Mais enfin, tour à tour, c'est assez nous punir.* (I, 4.)
[Como! Vossa ira já não teve curso? / Pode-se odiar sem parar? E punir sempre? Mas, afinal, basta de punirmos um ao outro.]

**61.** *Madame, il ne voit rien: son salut et sa gloire*
*Semblent être avec vous sortis de sa mémoire.* (V, 2.)
[Senhora, ele nada vê: sua salvação e sua glória / Parecem ter saído convosco de sua memória.]

**62.** *Je vous rends votre fils, et je lui sers de père.* (I, 4.)
*Je voue à votre fils une amitié de père.* (V, 3.)
[Restituo-vos vosso filho, sirvo-lhe de pai. / Nutro por vosso filho uma amizade paterna.]

**63.** *Je défendrai sa vie aux dépens de mes jours.* (I, 4.)
*Pour ne pas l'exposer, lui-même se hasarde.* (IV, 1.)
[Defenderei sua vida à custa de meus dias. / Para não o expor, ele mesmo se arrisca.]

Racine nunca há oblação⁶⁴. O que se busca freneticamente é a felicidade, e não a glória; a realidade da posse amorosa, e não a sua sublimação. Mas essa chantagem extrai seu direito da própria resistência de Andrômaca; tem por objeto um ser inteiramente alienado a seu passado, e que não é ele mesmo. O que Pirro quer de Andrômaca é que ela também realize sua ruptura; contra o passado, ele usa as armas do passado, à custa, aliás, de um risco enorme. A variante do ato V, cena III, permite supor que Andrômaca entrevê a intenção profunda de Pirro e, em certa medida, responde a ela. Nessa cena, Andrômaca se despede da antiga Legalidade⁶⁵. De qualquer maneira, mesmo que, por escrúpulo crítico, não se queira levar em conta essa cena censurada, o desfecho da peça é inequívoco: Andrômaca assume expressamente o lugar de Pirro. Morto Pirro, ela decide viver e reinar, não como amante finalmente liberta de um tirano odioso, mas como viúva verdadeira, como herdeira legítima do trono de Pirro⁶⁶. A morte de Pirro não serviu de libertação para Andrômaca, mas sim de iniciação: Andrômaca converteu-se, está livre.

---

64. A oblação de Berenice é na verdade uma resignação. Mitrídates não morre *para* dar Mônima a Xifares. A oblação de Alexandre não lhe custa nada, pois ele é um deus. Só há uma personagem raciniana que chega ao extremo do sacrifício: é Hêmon, em *A Tebaida*.
65. *Vous avez trouvé seule une sanglante voie*
    *De suspendre en mon coeur le souvenir de Troie.*
    (Variante de V, 3.)
    [Encontrastes só uma via sangrenta / Para apagar em meu peito a lembrança de Tróia.]
66. *Aux ordres d'Andromaque ici tout est soumis;*
    *Ils la traitent en reine, et nous comme ennemis.*
    *Andromaque elle-même, à Pyrrhus si rebelle,*
    *Lui rend tous les devoirs d'une veuve fidèle...* (V. 5.)
    [Às ordens de Andrômaca aqui estão todos submetidos; / Tratam-na de rainha; a nós, como inimigos. / A própria Andrômaca, tão rebelde a Pirro, / Presta-lhe todos os deveres de uma viúva fiel...]

| *Sobre Racine* |

## Britânico

Nero é o homem da alternativa; dois caminhos se abrem diante dele: fazer-se amar ou fazer-se temer[67], o Bem ou o Mal. O dilema toma totalmente conta de Nero: seu tempo (ele quer aceitar ou rejeitar o passado?) e seu espaço (terá ele uma "privacidade" oposta à sua vida pública?). Percebe-se que a jornada trágica aí é realmente ativa: vai separar o Bem do Mal, tem a solenidade de uma experiência química – ou de um ato demiúrgico: a sombra vai se distinguir da luz; assim como um corante de repente torna púrpura ou escurece o reagente com que entra em contato, em Nero o Mal vai fixar-se. O fato de haver essa mutação é mais importante ainda que sua direção: Britânico é a representação de um ato, e não de um efeito. A ênfase é posta em um *fazer* verdadeiro: *Nero se faz, Britânico* é um nascimento. Sem dúvida, nascimento de um monstro; mas esse monstro viverá e talvez seja para viver que ele se tenha feito monstro.

A alternativa de Nero é pura, ou seja, seus termos são simétricos. Duas figuras a desenham, formam como que a dupla postulação de Nero. Burrhus e Narciso são homólogos. A História sugeria, de preferência, Sêneca como conselheiro virtuoso. Racine temia que o intelectual não se opusesse suficientemente ao cínico e o substituiu por um militar que não sabe falar; para

..........................
67. *Las de se faire aimer, il veut se faire craindre...* (I, 1.)
   [Cansado de fazer-se amar, ele quer fazer-se temer...]

obter a decisão de Nero, Burrhus precisa renunciar à linguagem, lançar-se aos pés de seu senhor, ameaçar matar-se; a Narciso basta falar; naturalmente, para ser eficaz, sua fala se faz indireta; a fala de Burrhus é tópica, por isso malogra; a de Narciso é dialética.

Pois o fracasso de Burrhus é o fracasso de uma persuasão, e não de um sistema. A solução de Burrhus não deixa de ter valor, e Nero a ouve. Essa solução é essencialmente mundana: que Nero se faça reconhecer pelo mundo, que concorde em ser definido, criado pelo olhar de Roma, que esse olhar seja a força única que o faça existir, e ele será feliz. Sabe-se que, para Racine, o mundo não é realmente a realidade; é apenas uma forma reflexiva e anônima da consciência: é a opinião pública (*Que dirão de vós?*); mas essa forma é realmente demiúrgica; na mente de Burrhus, ela basta para *parir* Nero, para fazê-lo passar da infância à idade adulta, para provê-lo finalmente de uma paternidade[68]. Segundo Burrhus, o homem é inteiramente plástico sob o olhar da coletividade; não há nele nenhum núcleo de resistência, a paixão é uma ilusão[69]. O esforço que Burrhus pede a Nero é o esforço de uma redução à transparência; a própria oblação dos desejos só é fonte de paz por ser ecoada pela aprovação da multidão.

Para Narciso, ao contrário, esse mesmo mundo justifica uma opacidade do homem; o homem é um núcleo fechado de

---

68. *Ah! que de la patrie il soit, s'il veut, le père.* (I, 1.)
 [Ah! Que da pátria ele seja pai, se quiser.]
69. *On n'aime point, Seigneur, si l'on ne veut aimer.* (III, 1.)
 [Ninguém ama, Senhor, se não quiser amar.]

apetites, o mundo não passa de objeto perante esse "dogmatismo". Burrhus sublima o mundo e Narciso o avilta[70], mas, como se vê, é sempre na perspectiva de uma pura simetria, sempre à custa de uma distância artificial entre o mundo e ele, que eles prometem a vida a Nero. Em suma, nada pode decidir entre eles, nem mesmo a situação de Nero. Nero é imperador, tem a onipotência; mas essa circunstância, como sempre ocorre em Racine, em que o poder é o próprio motor da tragédia, apenas purifica a alternativa: a tirania possibilita a satisfação plena, mas ela também é a única que possibilita a oblação; é rigorosa a simetria que opõe temor a amor. Nero, portanto, está diante de uma espécie de ciranda infinita; nenhum dos dois sistemas que lhe são representados comporta valor evidente, pois não passam de signos invertidos: o acordo com o mundo (conduzir um carro, fazer teatro, compor poemas) pode tornar-se, num instante, um signo infamante. De acordo com que chave escolher? Afastado por ambos os sistemas, o mundo não pode responder: as soluções se apagam, Nero é remetido a seu problema.

Esse problema continua sendo o de um nascimento, ou, se preferirem, de uma passagem, uma iniciação: Nero quer tornar-se homem, não consegue e sofre. Esse sofrimento, em conformidade com o princípio raciniano, se não é físico, é pelo menos cenestésico, é o sofrimento do elo. Há muito menos um ser neroniano do que uma situação neroniana, situação de um

---

70. *Politiquement, Narcisse est un « ultra »; il parle du peuple à peu près comme Polynice.* (IV, 4.)

[Politicamente, Narciso é um "extremista"; fala do povo mais ou menos como Polinice.]

corpo paralisado que se esforça desesperadamente no sentido de uma mobilidade autônoma. Tal como Pirro, o que o atenaza é essencialmente o Passado[71], a infância e os pais, o casamento até, desejado pela Mãe[72], que não pôde dar-lhe a paternidade, em resumo, a Moral. Mas a tragédia raciniana nunca é o julgamento direto de uma moralidade; o mundo trágico é um mundo substancial; Nero não se confronta com conceitos nem mesmo com pessoas, mas com formas, às quais ele tenta opor outras formas; como a Mãe o obriga a revelar-lhe seus segredos, Nero tentará criar para si um segredo novo e solitário, do qual a Mãe esteja excluída; esse é o sentido daquela Porta temível que Agripina tenta arrombar[73] e daquele Sono que ele reivindica, como se se tratasse de romper a associação biológica entre mãe e filho. O que ele quer ganhar é um espaço autônomo; para ele o trono é um espaço que deve ser ocupado em sua dimensão vital[74]. Nessa forma justamente material, a sujeição de Nero coincide com um antiqüíssimo tema de alienação, o

.............................

71. Como não saborear a coincidência onomástica que faz de Agripina (*Agrippine*) o símbolo do atenazamento (*agrippement*)? E de Narciso, o do narcisismo?

72. *Mon amour inquiet déjà se l'imagine*
*Qui m'amène Octavie, et, d'un oeil enflammé,*
*Atteste les saints droits d'un noeud qu'elle a formé.* (II, 2.)
[Meu amor inquieto já a imagina / Trazendo-me Otávia e, com um olhar abrasado, / Confirmando os santos direitos de um laço que ela criou.]

73. *Faut-il...*
*Qu'errant dans le palais sans suite et sans escorte,*
*La mère de César veille seule à sa porte?* (I, 1.)
[Será preciso... / Que, errando pelo palácio sem séquito e escolta, / A mãe de César vele sozinha à sua porta?]

74. *Il m'écarta du trône où je m'allais placer.* (I, 1.)
[Ele me afastou do trono onde eu ia colocar-me.]

tema do Reflexo (ou do Duplo): Nero não passa de espelho, ele devolve (por exemplo, reverte para a Mãe o poder que recebeu dela[75]); o sistema óptico do qual ele é prisioneiro é perfeito, sua Mãe pode continuar escondida (por trás de um véu[76]), e, às vezes, um segundo anteparo vem perturbar o dispositivo, e Burrhus e Agripina disputam entre si esse reflexo[77]. Ora, sabe-se que o tema do Duplo é mágico, que a pessoa é *roubada*; a relação de Agripina e Nero é uma relação de enfeitiçamento: é o próprio corpo da Mãe que fascina o filho, que o paralisa, fazendo dele um objeto submisso, como, na hipnose, há submissão ao *encanto* do olhar[78]. Mais uma vez se percebe como a noção de Natureza é ambígua em Racine: Agripina é a mãe *natural*, mas

...........................

75. *Quelques titres nouveaux que Rome lui défère*
    *Néron n'en reçoit point qu'il ne donne à sa mère.* (I, 1.)

    *Non, non, le temps n'est plus que Néron, jeune encore,*
    *Me renvoyait les voeux d'une cour qui l'adore...* (I, 1.)

    [Sejam quais forem os novos títulos que Roma lhe outorgue / Nero não recebe nenhum sem o dar à sua mãe.
    Não, não, já se foi o tempo em que Nero, jovem ainda, / Remetia-me os votos de uma corte que o adora...].

76. *...Et que, derrière un voile, invisible et présente...* (I, 1.)

    ...E, por trás de um véu, invisível e presente...

77. *Ai-je donc élevé si haut votre fortune*
    *Pour mettre une barrière entre mon fils et moi?* (I, 2.)

    [Acaso elevei tão alto vossa fortuna / Para pordes uma barreira entre mim e meu filho?]

78. *Eloigné de ses yeux, j'ordonne, je menace...*
    *Mais...*
    *Sitôt que mon malheur me ramène à sa vue,*
    ...........................
    *Mon génie étonné tremble devant le sien.* (II, 2.)

    [Afastado de seus olhos, ordeno, ameaço... / Mas... / Tão logo minha desdita me leve diante dele, / ... / Meu espírito assombrado treme diante do seu.]

a Natureza é asfixia: Agripina *assedia*[79]: assim se define essa Anti-Physis raciniana que explodirá de modo abertamente blasfematório em *Atalia*.

Portanto, no início Nero é um organismo indiferenciado. Seu problema é de secessão: é preciso dissociar o Imperador do Filho[80]. Essa disjunção, de acordo com a mecânica raciniana, só pode ser um abalo que ganha ímpeto num sentido vital puro, sentimento bruto de expansão que já chamei de dogmatismo (recusa a herdar), que Racine chama de *impaciência*, e que é a recusa absoluta oposta por um organismo àquilo que o contém excessivamente. Paralisia física e obrigação moral são arrastadas na mesma descarga. Como a forma sublimada do elo é o reconhecimento, Nero se torna sobretudo ingrato; decide que nada deve à mãe; como os jovens que responsabilizam insolentemente os pais por tê-los feito nascer, ele define as dádivas de Agripina como interesseiras[81]. Seu imoralismo é propriamente ado-

---

79. *...J'assiégerai Néron de toutes parts.* (III, 5.)
    [...Assediarei Nero de todos os lados.]

    No começo da peça, Agripina já assedia a porta de Nero. Quando ela o amaldiçoa, atribui-se de antemão uma função de Erínia:

    *Rome, ce ciel, ce jour que tu reçus de moi,*
    *Partout, à tout moment, m'offriront devant toi.*
    *Tes remords te suivront comme autant de furies...* (V, 6.)

    [Roma, este céu, esta luz que recebes de mim, / Por toda parte, a todo momento, me oferecerão diante de ti. / Teus remorsos te seguirão como fúrias...]

80. *Il veut par cet affront...*
    *...que tout l'univers apprenne avec terreur*
    *A ne confondre plus mon fils et l'Empereur.* (I, 2.)

    [Ele quer com essa afronta... / ... que todo o universo aprenda com terror / A não confundir meu filho e o Imperador.]

81. IV, 2.

lescente: ele recusa qualquer mediação entre seu desejo de existir e o mundo; para ele, o desejo é uma espécie de *ser-aí* categórico, que todos devem reconhecer de imediato[82]. Essa espécie de detonação entre o desejo e sua realização é significada por um gesto brusco: a chamada dos guardas (para prender, para escoltar)[83], o que, como se sabe, é sempre uma maneira de sair da linguagem, portanto da tragédia. Nero fala pouco, é fascinado pelo ato[84].

Essa personagem, teatral segundo a História, é de um pragmatismo radical em cena; priva seus atos de toda e qualquer encenação, envolve-os numa espécie de aparência escorregadia, ausenta-os da matéria para purificar seu efeito. É esse o sentido da *carícia* neroniana: Nero é o homem do enlace[85], porque o enlace só descobre a morte quando ela está consumada. Esse "escorregar" tem um substituto fúnebre, o veneno. O sangue é uma matéria nobre, teatral; o ferro é um instrumento de morte retórica[86]; mas, de Britânico, Nero quer o apagamento

..........................

82. *Il faut que j'aime enfin.* (III, 1.)
    *Adieu. Je souffre trop, éloigné de Junie.* (III, 1.)
    [Preciso amar enfim.
    Adeus. Sofro demais longe de Júnia.]

83. Agripina, ao contrário, é um ser da linguagem. Sua linguagem é uma substância com a qual ela asfixia o filho e à qual Nero opõe fatalmente condutas de fuga, silêncio e elisão.

84. A vigilância oculta que Nero exerce sobre Júnia na célebre cena 6 do ato II é um ato, no sentido pleno do termo, raríssimo na tragédia.

85. *Ses bras, dans nos adieux, ne pouvaient me quitter.* (V, 3.)
    [Seus braços, em nosso adeus, não conseguiam deixar-me.]

86. O ferimento ensangüentado é explicitamente oposto ao envenenamento:
    *Quoi! du sang de son frère il n'a point eu d'horreur?*
    *Ce dessein s'est conduit avec plus de mystère.* (V, 5.)
    [Como! Do sangue do irmão ele não sentiu horror? / Esse desígnio foi conduzido com mais mistério.]

puro e simples, e não a derrota espetacular; tal como a carícia neroniana, o veneno se insinua; tal como ela, só expõe o efeito, não os meios; nesse sentido, carícia e veneno fazem parte de uma ordem imediata, na qual a distância entre projeto e crime é absolutamente reduzida; o veneno neroniano, aliás, é rápido; sua vantagem não é a demora, mas a nudez, a recusa ao teatro sangrento.

Esse é o problema de Nero. Para resolvê-lo, Nero se entregará finalmente ao sistema narcisiano (fazer-se reconhecer pelo mundo aterrorizando-o). Mas só depois de esboçar sua própria solução ao longo de toda a peça, e a solução de Nero é Júnia. Ele só deve Júnia a si mesmo. Diante de tudo o que lhe vem do outro e o asfixia – poder, virtude, conselhos, moral, esposa, crime até –, só há uma parte de si mesmo que ele inventou: seu amor. Sabe-se como ele descobre Júnia, e sabe-se que esse amor nasce da própria especificidade de seu ser, da química particular de seu organismo que o faz procurar a sombra e as lágrimas. O que ele deseja em Júnia é uma complementaridade, a paz de um corpo diferente, porém escolhido, o repouso da noite; em resumo, o que esse asfixiado procura freneticamente, tal como um afogado busca o ar, é a *respiração*[87]. A Mulher aí, de acordo com as mais antigas tradições gnósticas (retomadas pelo Romantismo), a Mulher é mediadora de paz, via de reconciliação, iniciadora da Natureza (contra a falsa Natureza materna); seja

---

87. *Si,...*
   *Je ne vais quelquefois respirer à vos pieds.* (II, 3.)
   [Se... / Não vou às vezes respirar a vossos pés.]

por caráter juvenil, seja por intuição, Nero vê em seu amor por Júnia uma experiência inefável que nenhuma descrição mundana (especialmente a descrição feita por Burrhus) pode esgotar[88].

Júnia é a Virgem Consoladora graças a um papel de essência, pois Britânico encontra nela exatamente o que Nero vai buscar: ela é quem chora e acolhe o pranto, ela é a Água que envolve, relaxa, é a sombra cujo termo solar é Nero. Poder chorar com Júnia é o sonho neroniano, realizado pelo duplo feliz de Nero, Britânico. Entre eles, a simetria é perfeita: uma prova de força os une ao mesmo pai, ao mesmo trono, à mesma mulher, eles são irmãos[89], o que, segundo a natureza raciniana, quer dizer inimigos e amarrados um ao outro; são unidos por uma relação mágica (e, segundo a História, erótica[90]): Nero fascina Britânico[91], assim como Agripina fascina Nero. Oriundos do mesmo ponto, eles apenas se reproduzem em situações contrárias: um despojou o outro, de tal modo que um tem tudo, e o outro, nada. Mas é precisamente aí que se articula a simetria de suas posições: Nero tem tudo e, apesar disso,

---

88. *Mais, croyez-moi, l'amour est une autre science.* (III, 1.)
   [Mas, crede-me, o amor é outra ciência.]
   Naturalmente, esse conflito entre a lei e a subversão se expressa através de um conflito de gerações.
89. *...Britannicus mon frère.* (II, 1.)
   [...Britânico meu irmão.]
90. "Vários escritores da época relatam que, nos dias que antecederam o envenenamento, Nero abusou freqüentemente da juventude de Britânico" (Tácito, *Anais*, XIII, 17).
91. *Il prévoit mes desseins, il entend mes discours.* (I, 4.)
   [Ele prevê meus desígnios, entende meus discursos.]

não é; Britânico nada tem, e contudo, é: o ser se nega a um, enquanto preenche o outro. *Ter* não pode juntar-se ao *Ser* porque aqui o Ser não vem do mundo, como Burrhus e Narciso gostariam de convencer Nero, mas vem de Júnia. É Júnia que faz Britânico existir e relega Nero à confusão de um Passado destruidor e de um futuro criminoso. Entre Nero e Britânico, Júnia é o árbitro absoluto e absolutamente gracioso[92]. Segundo uma figura própria ao Destino, ela *converte* a infelicidade de Britânico em graça e o poder de Nero em impotência, o ter em nulidade, e a penúria em ser. Graças ao próprio capricho de seu olhar, que pende para um lado, desviando-se do outro por uma opção tão imotivada quanto a do *numen* divino, a Mulher Consoladora torna-se uma Mulher Vingadora, a fecundidade prometida torna-se esterilidade eterna; mal desabrochado, Nero é atingido pela mais horrível das frustrações: seu desejo é condenado sem que seu objeto desapareça, a Mulher a quem ele pedia o nascimento morre sem morrer[93]. O desespero de Nero não é o de um homem que perdeu a amante; é o desespero de um homem condenado a envelhecer sem nunca ter nascido.

---

[92]. Se esquecermos por um momento a má-fé raciniana, que *dá* Nero como monstro e Britânico como vítima nata, a arbitragem de Júnia anuncia curiosamente a *Candida* de Bernard Shaw: entre um marido, pastor e seguro de si, e um amante, poeta e frágil, Candida é instada a *voltar-se para o mais fraco*: ela vai naturalmente em direção ao marido. O mais fraco, aqui, evidentemente é Nero. Júnia escolhe Britânico porque o Destino é mau.

[93]. *Madame, sans mourir elle est morte pour lui.* (V, 8.)
[Senhora, sem morrer ela morreu para ele.]

## Berenice

É Berenice que deseja Tito. Tito está ligado a Berenice apenas pelo hábito[94]. Berenice, ao contrário, está ligada a Tito por uma imagem, o que, em Racine, quer dizer por Eros; essa imagem é naturalmente noturna[95], Berenice retorna a ela a seu bel-prazer, sempre que pensa em seu amor; Tito tem para ela a volúpia de um brilho cercado de sombra, de um esplendor temperado; recolocado por um protocolo propriamente raciniano no âmago daquela "noite inflamada" na qual ele recebeu as homenagens do povo e do senado diante da pira de seu pai, ele revela na imagem erótica sua essência corpórea, o brilho da doçura: é um princípio total, um *ar*, ao mesmo tempo luz e envoltório. Deixar de respirar esse ar é morrer. Por isso, Berenice chega a propor a Tito o simples concubinato (que Tito rejeita[96]); por isso também, privada de seu alimento, essa imagem só poderá definhar num ar rarefeito, distinto do ar de Tito, e que é o vazio progressivo do Oriente.

Portanto, é essencialmente a Berenice, e apenas a ela, que pertence o poder erótico. Contudo, esse poder, contrariando o plano habitual da tragédia raciniana, não é acompanhado por

....................
**94.** Só conhecemos o Eros de Tito por sua alusão às "belas mãos" de Berenice.
**95.** *De cette nuit, Phénice, as-tu vu la splendeur?* (I, 5.)
[Dessa noite, Fenícia, viste o esplendor?]
**96.** *Ah! Seigneur, s'il est vrai, pourquoi nous séparer?*
*Je ne vous parle point d'un heureux hyménée...* (IV, 5.)
[Ah! Senhor, se for verdade, por que nos separarmos? / Não vos falo de um feliz himeneu...]

um poder político: os dois poderes estão disjuntos, e por isso a tragédia termina de maneira ambígua, como que esgotada, privada da centelha trágica que costuma nascer da condensação excessiva desses dois poderes numa mesma pessoa. Poderosa, Berenice mataria Tito; apaixonado, Tito desposaria Berenice; a sobrevivência dos dois é como uma pane, signo de uma experiência trágica que malogra. Não que essas duas figuras disjuntas deixem de envidar esforços desesperados para atingir o estatuto trágico. Tito faz tudo o que pode para ficar apaixonado, Berenice trava uma luta obstinada para dominar Tito, e ambos empregam as armas habituais do herói trágico, a chantagem de morte; e se, para terminar, Tito faz sua solução prevalecer, isso ocorre de maneira vergonhosa; se Berenice aceita, é à custa de uma ilusão, a ilusão de se acreditar amada[97].

Compreende-se como, aqui, a simetria do *invitus invitam* antiga é enganosa; não há nenhuma igualdade de situação entre Tito e Berenice. Berenice está inteiramente possuída por Eros; para Tito, o problema central é ainda um problema de legalidade: como romper uma lei, aliviar uma asfixia? Sabe-se que em Racine há uma vertigem da fidelidade. Essa dilaceração, verificada em todas as tragédias de Racine, encontra em *Bere-*

---

97. *Ce jour, je l'avouerai, je me suis alarmée:*
 *J'ai cru que votre amour allait finir son cours.*
 *Je connais mon erreur, et vous m'aimez toujours.* (V, 7.)
 [Nesse dia, confessarei, fiquei alarmada: / Achei que vosso amor tivesse encerrado seu curso. / Reconheço meu erro, vós ainda me amais.]
 Na verdade, ela não sabe nada mais do que sabia no começo.

*nice* sua expressão mais clara, visto que o infiel Tito conta com um duplo fiel: Antíoco. Antíoco é o reflexo de Tito, relação ainda mais natural porque Tito é fonte de brilho[98]. E a fidelidade de Antíoco a Berenice é essência de fidelidade, ele a confunde com seu ser[99]; eterna, ou seja, enfeixando passado e futuro, incondicional (Antíoco é fiel sem esperança[100]), essa fidelidade tem um fundamento legal: Antíoco foi o primeiro namorado de Berenice[101], recebeu a moça das mãos de seu irmão; seu elo com Berenice tem a garantia solene de uma forma, é realmente uma legalidade (ao passo que a infiel deixou-se amar sem causa, num verdadeiro rapto[102]). Tito e Antíoco, portanto, dividem-se como a dupla postulação de um mesmo organismo, regido por uma hábil divisão das tarefas: a Tito, a infidelidade; a Antíoco, a fidelidade. E, naturalmente, mais uma vez, desvalorizada é a fidelidade: Antíoco é um duplo fraco, humilhado,

---

98. *Quand l'amoureux Titus, devenant son époux,*
    *Lui prépare un éclat qui rejaillit sur vous.* (I, 3.)
    [Quando o apaixonado Tito, tornando-se seu esposo, / Prepara-lhe um clarão que reverbera sobre vós.]

99. *Hé bien! Antiochus, es-tu toujours le même?*
    *Pourrai-je, sans trembler, lui dire:* Je vous aime? (I, 2.)
    [Pois bem! Antíoco, ainda és o mesmo? / Poderei, sem tremer, dizer-lhe: *Eu vos amo?*]

100. *Je pars, fidèle encor quand je n'espère plus.* (I, 2.)
    [Parto, fiel mesmo quando já não tenho esperança.]

101. *...il vous souvient que mon coeur en ces lieux*
    *Reçut le premier trait qui partit de vos yeux.* (I, 4.)
    [...lembrai-vos que meu coração neste lugar / Recebeu a primeira seta que partiu de vossos olhos.]

102. *Je l'aimai; je lui plus.* (II, 2.)
    [Eu o amei; eu o agradei.]

vencido; sofre expressamente de perda de identidade[103]: tal é o preço da fidelidade. No entanto, essa fidelidade, por assim dizer caricatural, é necessária a Tito: ela é, em suma, o mal do qual ele vive, e é isso que explica por que ele mantém com ela uma familiaridade perturbadora: não só Tito associa intimamente Antíoco a seu dilema, *mostrando-lhe* incessantemente seu amor por Berenice – é preciso que o rival seja *testemunha*[104], menos talvez por sadismo e mais por exigência de unidade[105] –, como também não deixa de se delegar a Antíoco, de torná-lo seu porta-voz[106] (e sabe-se como a voz é sexualizada no

..........................

103. *Tandis que, sans espoir, haï, lassé de vivre,*
 *Son malheureux rival ne semblait que le suivre.* (I, 4.)

 *Cent fois je me suis fait une douceur extrême*
 *D'entretenir Titus dans un autre lui-même.* (I, 4.)

 *Pour fruit de tant d'amour, j'aurai le triste emploi*
 *De recueillir des pleurs qui ne sont pas pour moi.* (III, 2.)

 [Enquanto, sem esperança, odiado, cansado de viver, / Seu infeliz rival só parecia segui-lo. Mil vezes senti um deleite extremo / Em conversar com Tito num outro ele mesmo. Como fruto de tanto amor, terei a triste serventia / De recolher prantos que não são para mim.]

104. *Et lorsque cette reine, assurant sa conquête,*
 *Vous attend pour témoin de cette illustre fête.* (I, 3.)

 *Je n'attendais que vous pour témoin de ma joie.* (I, 4.)

 *Soyez le seul témoin de ses pleurs et des miens.* (III, 1.)

 [E quando essa rainha, garantindo sua conquista, / Vos espera para testemunhar essa ilustre festa.
 Só a vós esperava para testemunhar minha alegria.
 Sede a única testemunha de seus prantos e dos meus.]

105. *Vous ne faites qu'un coeur et qu'une âme avec nous.* (III, 1.)
 [Sois conosco um só coração, uma só alma.]

106. *Et je veux seulement emprunter votre voix.* (III, 1.)
 [E quero apenas que me empresteis a voz.]

teatro raciniano, especialmente em *Berenice*, tragédia da afasia[107]), numa daquelas procurações feitas de amante para rival, tão familiares a Racine[108]. Evidentemente, a cada vez que é infiel, Tito tem necessidade de se delegar ao fiel Antíoco; parece até que Antíoco está ali para fixar, exorcizar a infidelidade de Tito. Nele, Tito se livra de uma fidelidade que o asfixia; por meio de Antíoco, ele espera esquivar-se de seu conflito essencial e realizar o impossível: ser ao mesmo tempo fiel e infiel sem a culpa. Antíoco é sua boa consciência, ou seja, sua má-fé.

Pois não é verdade que Tito precisa optar entre Roma e Berenice. O dilema diz mais respeito a dois momentos do que a dois objetos: por um lado, um passado, que é o passado da infância prolongada, em que a sujeição ao Pai e à amante-Mãe é vivenciada como segurança[109] (Berenice não salvou Tito da devassidão? Ela não é *tudo* para ele?); por outro lado, desde a morte do Pai (talvez morto pelo filho[110]), um futuro responsável, no qual as duas figuras do Passado, Pai e Mulher (mais

---

107. *Et, dès le premier mot, ma langue embarrassée...* (II, 2.)
    *Sortons, Paulin: je ne lui puis rien dire.* (II, 4.)
    *Hélas! quel mot puis-je lui dire?* (IV, 7.)
    [E, desde a primeira palavra, minha língua embaraçada...
    Saiamos, Paulino: nada lhe posso dizer.
    Ai! Que palavra posso dizer-lhe?]

108. Roxana se delega a Atalida; Pirro confia Hermione a Orestes, que, justamente, está apaixonado por ela; Mitrídates confia Mônima a Xifares.

109. *J'aimais, je soupirais dans une paix profonde...* (II, 2.)
    [Eu amava, suspirava em paz profunda...]

110. *J'ai même souhaité la place de mon père...* (II, 2.)
    [Cheguei a desejar o lugar de meu pai...]

ameaçadora porque o amante-filho lhe é *devedor*), são destruídas num mesmo movimento. Pois o mesmo assassinato leva Vespasiano e Berenice[111]. Morto Vespasiano, Berenice é condenada. A tragédia é, exatamente, o intervalo que separa os dois assassinatos.

Ora – e essa é a astúcia suprema de Tito –, o primeiro assassinato servirá de álibi para o segundo: é em nome do Pai, de Roma, em suma, de uma legalidade mítica, que Tito condenará Berenice; fingindo-se solicitado pela fidelidade geral ao Passado, Tito justificará sua infidelidade a Berenice; o primeiro assassinato torna-se vida congelada, álibi nobre, teatro[112]. Roma, com suas leis que defendem ciosamente a pureza de seu sangue, é uma instância mais que indicada para autorizar o abandono de Berenice. No entanto, Tito nem sequer consegue dar a essa instância uma aparência heróica; delibera com base no medo, e não no dever: Roma é uma opinião pública que o aterroriza; o tempo todo ele evoca, com medo, o anônimo *o que dirão os outros*[113]? A própria corte é uma personalidade precisa demais para ameaçá-lo realmente; seu medo e, por conseguinte, sua justificação provêm de uma espécie de massa indiferenciada tão geral quanto possível.

..........................
111. *Mais à peine le Ciel eut rappelé mon père...* (II, 2.)
   [Mas, mal o Céu chamou meu pai...]
112. *Je me propose un plus noble théâtre...* (II, 2.)
   [Proponho-me um teatro mais nobre...]
113. *Et ces noms, ces respects, ces applaudissements*
   *Deviennent pour Titus autant d'engagements...* (V, 2.)
   [E esses nomes, esses respeitos, esses aplausos / Para Tito se convertem em compromissos...]

De fato, Roma é puro fantasma. Roma é silenciosa[114], só ele a faz falar, ameaçar, coagir; o fantasma é a tal ponto um *papel* no protocolo da ruptura que às vezes, tal como os histéricos que num instante esquecem que têm um braço paralisado, Tito pára de temer; Roma desaparece, Tito já não sabe o que está encenando.

Portanto, *Berenice* não é uma tragédia do sacrifício, mas a história de um repúdio que Tito não ousa assumir. Tito está dividido, não entre o dever e o amor, mas entre um projeto e um ato. Este é o *nada* célebre: a distância tênue, mas laboriosamente percorrida, que separa uma intenção de seu álibi: encontrado o álibi, vivenciado teatralmente (Tito chega até a simular sua morte[115]), a intenção pode realizar-se, Berenice é dispensada, a fidelidade é liquidada, sem que haja sequer risco de remorsos: Berenice não será a Erínia que sonhara ser[116]. Berenice é *persuadida*: esse resultado totalmente incongruente na tragédia raciniana é acompanhado por outra singularidade: as figuras do

...........................

114. *Tout se tait: et moi seul, trop prompt à me troubler,*
*J'avance des malheurs que je puis reculer.* (IV, 4.)
*Lorsque Rome se tait...* (IV, 5.)
[Tudo silencia: e só eu, que sempre rápido me perturbo, / Antecipo desditas que posso adiar.
Quando Roma silencia...]

115. *Moi-même en ce moment sais-je si je respire?* (IV, 7.)
[Eu mesmo, neste momento, saberei se respiro?]

116. *...Que ma douleur présente et ma bonté passée,*
*Mon sang, qu'en ce palais je veux même verser,*
*Sont autant d'ennemis que je vais vous laisser:*
*Et, sans me repentir de ma persévérance,*
*Je me remets sur eux de toute ma vengeance.* (IV, 5.)
[...Que minha dor presente e minha bondade passada, / Meu sangue, que neste palácio quero derramar, / São inimigos que vos deixarei: / E, sem me arrepender de minha perseverança, / Conto com eles para toda a minha vingança.]

conflito se separam sem morrer, a alienação cessa sem que haja recurso catastrófico. Tal é certamente o sentido do Oriente bereniciano: um *distanciamento* da tragédia. Nesse Oriente se reúnem todas as imagens de uma vida submetida ao poder mais antitrágico que existe: a permanência (solidão, tédio, suspiro, errância, exílio, eternidade, servidão ou dominação sem alegria). Entre essas imagens, dominam duas, como estátuas derrisórias da crise trágica: o silêncio e a duração. Esses dois valores novos são assumidos pelos próprios seres do Oriente: Antíoco e Berenice. Antíoco é o homem do silêncio. Condenado num mesmo movimento a calar-se e a ser fiel, ele se calou cinco anos antes de falar a Berenice; só concebe sua morte como algo silencioso[117]; seu *ai* final é retorno a um silêncio definitivo. Berenice, por sua vez, sabe que, terminada a tragédia, o tempo nada mais é que uma insignificância infinita, e que a pluralidade dos mares nada mais é que seu substituto espacial[118]: devolvida à duração, a vida não pode mais ser um espetáculo. Em suma, o Oriente bereniciano é a própria morte do teatro. E nos navios

---

117. *Bérénice autrefois m'ôta toute espérance;*
*Elle m'imposa même un éternel silence.*
*Je me suis tu cinq ans...* (I, 2.)

*Surtout ne craignez point qu'une aveugle douleur*
*Remplisse l'univers du bruit de mon malheur...* (I, 4.)

[Berenice outrora matou minhas esperanças; / Ela até me impôs um eterno silêncio. / Calei-me por cinco anos...
E não temais que uma dor cega / Encha o universo com o rumor de minha desdita...]

118. *Dans un mois, dans un an, comment souffrirons-nous,*
*Seigneur, que tant de mers me séparent de vous?* (IV, 5.)

[Em um mês, em um ano, como suportaremos, / Senhor, que tantos mares me separem de vós?]

ancorados em Óstia, com Antíoco, o que Tito envia para o nada oriental é toda a tragédia.

## Bajazet

*Bajazet* constitui uma pesquisa aguda sobre a natureza do lugar trágico. Por definição, sabe-se que esse lugar é fechado. Ora, até *Bajazet*, o fechamento do lugar raciniano é circunstancial; em geral, trata-se de uma câmara do palácio; é o próprio entorno, o palácio, que constitui a massa secreta e ameaçadora (especialmente em *Britânico*, em que a tragédia já é um labirinto). Em *Bajazet*, o lugar é fechado por destinação, como se toda a fábula nada mais fosse que a forma de um espaço: é o Serralho[119]. Esse Serralho, aliás, apareceu na época como a principal curiosidade da peça; parece que o público pressentia nessa instituição uma espécie de caráter tópico, um dos temas mais importantes da imaginação humana, o da concavidade.

Esse lugar fechado, porém, não é autárquico, mas depende de um Exterior. É essa ambigüidade de algum modo orgânica que fundamenta a peça inteira. No Serralho confundem-se dois terrores: a cegueira e a sujeição. Roxana é quem primeiro expressa essa ambigüidade do Serralho; ela é dona do poder absoluto[120]

---

119. Racine não distingue o Serralho (ou palácio do Sultão) do harém (ou aposento das mulheres).

120. *Songez-vous...*
    *Que j'ai sur votre vie un empire suprême;*
    *Que vous ne respirez qu'autant que je vous aime?* (II, 1.)

sem o qual, como se sabe, não há tragédia raciniana; no entanto, ela detém esse poder apenas por delegação do Sultão; ela mesma é sujeito e objeto de uma onipotência. O Serralho é mais ou menos como uma arena onde Roxana seria o toureiro: ela precisa matar, mas diante do olhar de um Juiz invisível que a cerca e observa; assim como na arena, onde o touro está condenado, mas o homem se arrisca, no Serralho ocorre um jogo improvisado, porém fatal. Nos dois casos, o fechamento e a abertura do círculo são ao mesmo tempo normas e atos: o Serralho é um lugar cerimonial e mortal.

É porque Amurat é um olhar invisível que o Serralho é um ambiente pânico; é um mundo que não pode receber claridade de parte alguma, mas se sabe submetido a uma certeza exterior que o aterroriza. O Serralho nunca sabe onde está Amurat porque o tempo exterior não tem a mesma velocidade do tempo trágico, de tal modo que as distâncias que o cercam são irreais[121]: quem pode provar que uma ordem não se modifica entre seu momento de partida e seu momento de chegada? O Serralho é

...........................

*Rentre dans le néant dont je t'ai fait sortir.* (II, 1.)
*Maîtresse du sérail, arbitre de ta vie...* (V, 4.)
[Imaginais... / Que sobre vossa vida tenho império supremo; / Que só respirais porque vos amo?
Volta ao nada de onde te tirei.
Senhora do serralho, árbitro de tua vida...]

121. *Mais, comme vous savez, malgré ma diligence,*
*Un long chemin sépare et le camp et Byzance;*
. . . . . . . . . . . . . . . . . . . . . . .
*Et je puis ignorer tout ce qui s'est passé.* (I, 1.)
[Mas, como sabeis, apesar de minha diligência, / Um longo caminho separa o campo e Bizâncio; / ... / E posso ignorar tudo o que aconteceu.]

como o mundo: nele, o homem se debate contra a incerteza dos signos, sob o olhar de um Poder que os modifica a seu bel-prazer. Atalida, Roxana, Bajazet, Acomato são cegos; procuram angustiosamente um signo claro no outro. No entanto, essas vítimas são carrascos: matam sob o olhar de quem vai matá-los.

A primeira contradição do Serralho é a sua sexualidade; é um habitat feminino ou eunucóide, é um lugar dessexuado, atulhado por uma massa de seres indiferenciados[122]; é elástico e pleno como a água[123]. Quem por ele circula com mais naturalidade é Acomato; Acomato, em Racine, não é expressamente um eunuco (como era na novela de Segrais), mas tem o atributo da assexualidade, a velhice, que ele próprio apresenta como um estado de desparticipação[124]. Ao mesmo tempo, esse lugar castrado é atormentado por pressões eróticas terríveis; a de Amurat, principalmente, cujo olhar invisível penetra incessantemente a massa assustada contida no Serralho; depois, a de Roxana e a de Atalida. E, no interior dessa sexualidade positi-

--- 

122. *Cette foule de chefs, d'esclaves, de muets,*
    *Peuple que dans ses murs renferme ce palais.* (II, 1.)
    [Essa multidão de chefes, de escravos, de mudos, / Povo que em seus muros encerra este palácio.]

123. *...un calme heureux nous remet dans le port.* (III, 2.)
    [...uma calma feliz nos leva de volta ao porto.]

124. *...Voudrais-tu qu'à mon âge*
    *Je fisse de l'amour le vil apprentissage?* (I, 1.)
    *Que veux-tu dire? Es-tu toi-même si crédule*
    *Que de me soupconner d'un courroux ridicule?* (IV, 7.)
    [...Gostarias que em minha idade / Eu fizesse do amor o vil aprendizado?
    Que queres dizer? Serás tão crédulo / Que suspeitarás em mim uma cólera ridícula?]

va (delegada sobretudo às mulheres), a ambigüidade continua, mistura os papéis; a força sexual passa de uns para outros, de Amurat para Roxana, verdadeira substituta do Sultão; de Roxana para Atalida, que recebeu procuração para representar perante Bajazet a *voz* da favorita[125] (e sabe-se como em Racine a fala é sexualizada).

Naturalmente, essa ambigüidade sexual atinge o ápice em Bajazet: Bajazet é um sexo indeciso, invertido, transformado de homem em mulher. A crítica da época observou aquilo que ela chamava de *insipidez* do personagem; atualmente, tentou-se revirilizar o papel[126]; mas a *insipidez* de Bajazet não é caracterial (não há interesse em discutir se Bajazet *é* isto ou aquilo), ela é definida por sua situação; foi o Serralho que o inverteu; em primeiro lugar, do ponto de vista físico mesmo, se assim pudermos dizer: Bajazet é um homem confinado[127] num meio feminino onde é o único varão; é um zangão, que parece alimentado e engordado por Roxana graças justamente a seu poder genital; assim como os gansos que são empanturrados para que seu fígado se torne suculento, Bajazet está encerrado na es-

---

125. *...Roxane...*
*Du coeur de Bajazet se reposait sur moi,*
. . . . . . . . . . . . . . . . . . . . .
*Le voyait par mes yeux, lui parlait par ma bouche.* (I, 4.)
[...Roxana... / O coração de Bajazet me entregava, /... / Via-o por meus olhos, falava-lhe por minha boca.]
126. A. Adam, *Histoire de la littérature française au XVII͏ᵉ siècle*, tomo IV, pp. 345 ss. (Domat.)
127. *Ainsi donc pour un temps Amurat désarmé*
*Laissa dans le sérail Bajazet enfermé.* (I, 1.)
[Assim, pois, por certo tempo Amurat desarmado / Deixou no Serralho Bajazet encerrado.]

curidão[128], reservado e amadurecido para o prazer da Sultana, que, aliás, dirigirá seu assassinato como quem controla um orgasmo[129]; tendo inicialmente uma sexualidade forte[130], percebe-se que ele é lentamente dessexuado pela viril Roxana. Mais que isso: sua ambigüidade sexual decorre do fato de ele ser um homem prostituído: Bajazet é belo, entrega-se a Roxana para obter dela um bem, dispõe abertamente de sua beleza como quem dispõe de um valor de troca[131]. É esse estado totalmente parasitário[132] de Bajazet que o dessexualiza: sabe-se que em Racine os "papéis" sexuais são essencialmente definidos pela Relação de Autoridade, não havendo nele outra constelação erótica além da do poder e da sujeição.

De Bajazet a Roxana, a inversão dos papéis coincide com a oposição dos dois Eros racinianos, o que se poderia chamar de Eros-hábito e Eros-acontecimento. Bajazet está submetido ao primeiro; seu gosto por Atalida elaborou-se lentamente ao

---

128. *Je plaignis Bajazet, je lui vantai ses charmes*
    *Qui, par un soin jaloux dans l'ombre retenus...* (I, 1.)
    [Lastimei Bajazet, gabei-lhe os encantos / Que, por um zelo ciumento na sombra retidos...]

129. *Je perdrais ma vengeance en la rendant si prompte.* (IV, 6.)
    [Eu estragaria minha vingança tornando-a tão rápida.]

130. *Car enfin Bajazet dédaigna de tout temps*
    *La molle oisiveté des enfants des sultans.* (I, 1.)
    [Pois, enfim, Bajazet sempre desdenhou / O indolente ócio dos filhos dos sultões.]

131. *Bajazet est aimable; il vit que son salut*
    *Dépendait de lui plaire, et bientôt il lui plut.* (I, 1.)
    [Bajazet é adorável; ele viu que sua salvação / Dependia de agradá-la, e ele logo a agradou.]

132. *Je vous dois tout mon sang; ma vie est votre bien.* (II, 1.)
    [Eu vos devo todo o meu sangue; minha vida é vosso bem.]

longo de uma infância comum[133], é um gosto pela identidade (Atalida tem o mesmo sangue que ele[134]); trata-se aqui daquele Eros sororal que, como se sabe, é essencialmente fidelidade e legalidade, mas também impotência para nascer, para tornar-se homem. Roxana, ao contrário, tal como Pirro e Nero, é definida por uma força de ruptura; plebéia, ou seja, estranha ao sangue trágico, sua função é inverter a legalidade; para ela, o casamento não é apenas posse física, é também instituição de uma nova aliança, subversão de uma lei passada[135]. O desejo que ela tem por Bajazet, portanto, é recusa do Tempo como valor, consagração do Acontecimento, participa daquele segundo Eros raciniano, em que o *agradar* irrompe sem causa, sem espessura até, como um ato abstrato (é o que expressam inúmeros passados perfeitos do tipo: *ele lhe agradou, eu a vi, eu a amei* etc.).

........................

133. *Dès nos plus jeunes ans, tu t'en souviens assez,*
 *L'amour serra les noeuds par le sang commencés.* (I, 4.)
 *Quoi! cet amour si tendre, et né dans notre enfance...* (II, 5.)
 *Déjà plein d'un amour dès l'enfance formé...* (V, 4.)
 [Desde nossa mais tenra idade, tu bem te lembras, / O amor estreitou os laços iniciados pelo sangue.
 Como! Esse amor tão terno, nascido em nossa infância...
 Já pleno de um amor desde a infância formado...]
134. *Du père d'Amurat Atalide est la nièce.* (I, 1.)
 [Do pai de Amurat Atalida é sobrinha.]
135. *Je sais que des sultans l'usage m'est contraire...* (I, 3.)
 *Malgré tout mon amour, si, dans cette journée*
 *Il ne m'attache à lui par un juste hyménée;*
 *S'il ose m'alléguer une odieuse loi...* (I, 3.)
 [Eu sei que o costume dos sultões me é adverso...
 Apesar de todo o meu amor, se, neste dia, / Ele não me ligar a ele por um justo himeneu; / Se ele ousa alegar uma odiosa lei...]

Como heroína dogmática, porém, Roxana se debate no meio mais asfixiante que já houve na tragédia raciniana; os papéis que ela prolonga – Pirro, Nero ou Tito – sempre podiam pôr um conceito por trás da força física que os premia; Roxana, ao contrário, luta com a Ausência; e, pela primeira vez, o enviscamento é de ordem abertamente espacial; o Serralho gruda em Roxana tanto como condição quanto como prisão e labirinto[136], ou seja, como obscuridade dos signos: ela nunca sabe *quem* é Bajazet; quando fica sabendo, termina a ambigüidade e sua infelicidade é ao mesmo tempo saída, alívio[137] (mas também o fim da tragédia). O nascimento de seu desejo fica preso nesse enviscamento: o Serralho rapidamente asfixia um Eros que, no entanto, é de origem factual; ele nasce de uma proximidade extrema, de uma contigüidade cega: à força de *não* enxergar Bajazet, Roxana o deseja; é pela voz de Acomato (mais uma procuração) que Bajazet a seduz[138]. O Serralho desvia, falsifica aquilo

...........................

136. *Nourri dans le sérail, j'en connais les détours.* (IV, 7.)
    [Criado no Serralho, conheço seus meandros.]

137. *Ah! je respire enfin; et ma joie est extrême
    Que le traître une fois se soit trahi lui-même.*
    . . . . . . . . . . . . . . . . . . . . . . . .
    *Ma tranquille fureur n'a plus qu'à se venger.* (IV, 5.)
    [Ah! Respiro enfim; e é extrema a minha alegria / Porque o traidor uma vez se traiu a si mesmo. / ... Meu tranqüilo furor só precisa vingar-se.]

138. *Je plaignis Bajazet, je lui vantai ses charmes,
    Qui...
    Si voisins de ses yeux, leur étaient inconnus.
    Que te dirai-je enfin? La Sultane éperdue
    N'eut plus d'autre désir que celui de sa vue.* (I, 1.)
    [Lastimei Bajazet, gabei-lhe os encantos, / Que... / Tão perto de seus olhos, lhe eram desconhecidos. / Que te direi afinal? A Sultana apaixonada / Não teve outro desejo senão o de vê-lo.]

que constitui o essencial do Eros raciniano, a visão; mas ao mesmo tempo a exaspera: Roxana deseja um cativo (eterno desígnio da constelação raciniana), mas o deseja mais ainda por ser também cativa. Em resumo, o Serralho, com sua dupla função de prisão e contigüidade, expressa incessantemente esse movimento contraditório de abandono e retomada, exasperação e frustração que define o tormento raciniano: esse é o lado "oriental" de Racine: o Serralho é, literalmente, a carícia asfixiante, o abraço que mata. Vimos que em *Britânico* a substância fúnebre dessa carícia é o veneno; em *Bajazet*, é o estrangulamento; como a temática de Nero é de ordem incendiária, talvez sua arma seja, logicamente, gelada; a de Amurat (ou de Roxana, que o representa), com suas ordens retomadas e relaxadas, é de ordem respiratória, sua arma é o laço.

Com sua estrutura incessantemente ambígua e invertida, como lugar cativo e cativante, agido e agente, asfixiado e asfixiante, o Serralho é o próprio espaço do universo raciniano. Por mais infeliz que seja, a economia desse universo, apesar de tudo, é um equilíbrio: os seres que o povoam se mantêm em pé por sofrerem a carga de forças antagonistas – pelo menos durante o tempo da tragédia, que é um tempo simultaneamente eterno e nulo. O temor sustenta o temor[139]; a carícia, a asfixia; a prisão, o desejo. Por isso, sair do Serralho é sair da vida, a não ser que se aceite viver sem a tragédia: é o que faz o eunuco Aco-

---

139. *Comme il les craint sans cesse, ils le craignent toujours.* (I, 1.)
[Como ele os teme sempre, eles sempre o temem.]

mato, a quem cabe a representação da saída dialética[140]; Acomato é o homem dos navios[141], objetos que, como se sabe, têm função antitrágica. Mas só Acomato, como personagem estranha à tragédia, pode fugir do Serralho rumo à vida, e o mar para ele é portador de liberdade. Para os outros, o acesso ao monstro é irreversível, o Serralho engole, nunca regurgita: quando a porta do mar se abre, é apenas para receber a morte[142].

## Mitrídates

A tragédia de *Mitrídates* ocorre entre duas mortes, a morte fingida e a morte real de um mesmo homem[143]. Ou, se preferirem, *Mitrídates* é a história de uma morte malograda e recomeçada, mais ou menos como se recomeça uma cena de cinema mal filmada; na primeira vez, a objetiva errou, captou o *verda-*

---

140. *La plus sainte des lois, ah! c'est de vous sauver.* (II, 3.)
    [A mais santa das leis, ah! é salvar-vos.]
141. *Déjà, sur un vaisseau dans le port préparé...* (III, 11.)
    *Et jusqu'au pied des murs que la mer vient laver,*
    *Sur mes vaisseaux tout prêts...* (V, 2.)
    [Já, num navio no porto preparado...
    E até o pé dos muros que o mar vem lavar, / Nos meus navios aprestados...]
142. *Et, quoique sur la mer la porte fût fermée,*
    *Les gardes, sans tarder, l'ont ouverte à genoux*
    *Aux ordres du Sultan qui s'adressent à vous.* (III, 8.)
    [E, embora para o mar a porta fosse fechada, / Os guardas, sem demora, a abriram de joelhos / Às ordens do Sultão que se dirigem a vós.]
143. A tragédia começa imediatamente com a falsa morte de Mitrídates. (I, 1.)

*deiro* Mitrídates; da segunda vez, a pompa está montada, Mitrídates pode morrer: é a versão correta.

A primeira morte de Mitrídates inaugura um período de anarquia; a tirania do Rei vivo impunha uma ordem por trás da qual se escondia o mal; morto o Rei, o mal explode (como em *Fedra*), a fala é liberada, a corrupção se revela, as coisas se mostram em sua verdade: os dois irmãos são inimigos, rivais em política e em amor; ambos assumem a morte do Pai: é como se eles o tivessem matado; nada os distingue, eles são igualmente culpados, como demonstra o pacto de silêncio (portanto, de cumplicidade) que Farnaces propõe a Xifares. Dessa subversão idêntica e generalizada (nisso, *Mitrídates* é uma tragédia da má-fé) Racine vai esforçar-se para extrair um Bem e um Mal distintos: vai separar Xifares de Farnaces. O Bem se fixará em Xifares: ele será amado por Mônima, será patriota e respeitará o Pai, do qual, porém, era rival tanto quanto o irmão. Essas são qualidades graciosas, essenciais, e não situacionais; já a situação torna Xifares culpado: ele rouba a mulher ao Pai, quando aquele Pai o criou durante toda a infância, assumindo de alguma maneira as funções da Mãe[144], o que não havia ocorrido com Farnaces; àquele Pai que o prefere ele mente[145]; ele o trai na exata medida em que Mitrídates lhe confia expressamente Mônima;

..............................
144. *Mais moi, qui, dès l'enfance élevé dans son sein...* (IV, 2.)
    [Mas eu, que desde a infância criado em seu seio...]
145. *Seigneur, le croirez-vous qu'un dessein si coupable...* (III, 3.)
    [Senhor, acreditais que um desígnio tão culpado...]

por fim, de acordo com a física trágica, Xifares é culpado do pecado da mãe[146]. Ora, é precisamente esse feixe de culpas que faz de Xifares um *bom* filho: no Pai, ele ama o Juiz[147]; tudo faz para extrair dele não o reconhecimento pelo seu devotamento, mas uma graça. E, evidentemente, a divinização do Pai acarreta a sujeição absoluta à Lei: Xifares é o homem do Passado: ele ama Mônima mais ou menos desde a infância[148], é definido por aquele Eros sororal que é sempre expressão de um elo ambíguo, ao mesmo tempo segurança e medo.

Farnaces não é propriamente o contrário de Xifares; é, antes, seu duplo emancipado; sua secessão do Pai está consumada e ele a usa com desenvoltura; é o único herói raciniano, depois de Pirro, que pode afirmar sua liberdade sem lhe dar um *colorido*, ou seja, o álibi de uma linguagem[149], ao contrário de Xifa-

---

146. *Elle trahit mon père...*
    *Quel devins je au récit du crime de ma mère!...*
    *Je n'eus devant les yeux que mon père offensé...* (I, 1.)
    [Ela traiu meu pai... / O que me tornei ao ouvir o relato do crime de minha mãe! ... / Diante de meus olhos só vi meu pai ultrajado...]

147. *Mais vous avez pour juge un père qui vous aime.* (II, 2.)
    [Mas tendes por juiz um pai que vos ama.]

148. *Faut-il vous dire ici que le premier de tous*
    *Je vous vis, je formai le dessein d'être à vous*
    *Quand vos charmes naissants, inconnus à mon père,*
    *N'avaient encor paru qu'aux yeux de votre mère?* (I, 2.)
    [Será preciso dizer-vos aqui que fui o primeiro / Que vos viu, que se propôs pertencer-vos / Quando vosso encanto nascente, desconhecido por meu pai, / Só se havia mostrado aos olhos de vossa mãe?]

149. *Hé bien! Sans me parer d'une innocence vaine,*
    *Il est vrai, mon amour mérite votre haine.* (III, 2.)
    [Pois bem! Sem me adornar com uma vã inocência, / É verdade, meu amor merece vosso ódio.]

res, cuja fala inunda e imerge[150]. Por isso, assim como Taxiles e Pirro, ele está no limite da instituição trágica. A relação teatral é aqui entre Xifares e Mitrídates, o Pai encolerizado e a criatura aviltada. O retorno do Pai, depois de uma morte simulada, participa de uma teofania[151]; Mitrídates volta da noite e da morte[152]. Mas o deus aí está apenas esboçado; não mergulhou no Inferno, como fará Teseu; não se comunicou com os mortos; sua morte era ardil, e não mito. Mesmo sua imortalidade é apenas esboçada; apesar de invulnerável aos venenos, morrerá: esse deus é um falso deus. Xifares, perdidamente culpado, espera um Juiz onipotente, e é esse o sentido que Mônima e ele dão à ressurreição do Rei[153]. Mas esse deus – e é isso que é revelado pelo entremortes –, esse deus é um velho astuto. A morte do Pai causara a explosão do mal; o retorno do Pai só faz agravá-lo, onerá-lo com uma nova rivalidade incestuosa, com uma traição mesquinha. Na verdade, foi o Pai que roubou Mônima a Xifares[154]. Esse

..............................

150. *Rome, mon frère! O ciel! qu'osez-vous proposer?...* (III, 1.)
    [Roma, meu irmão! Ó céu! Que ousais propor-me?...]
151. *Quand mon père paraît, je ne sais qu'obéir.* (I, 5.)
    [Quando meu pai aparece, só sei obedecer.]
152. *Les Romains, vers l'Euphrate, ont attaqué mon père,*
    *Et trompé dans la nuit sa prudence ordinaire.*
    *Après un long combat, tout son camp dispersé*
    *Dans la foule des morts, en fuyant, l'a laissé.* (I, 1.)
    [Os romanos, à margem do Eufrates, atacaram meu pai, / E na noite burlaram sua costumeira prudência. / Após longo combate, todo seu campo disperso, / Fugindo, deixou-o na multidão dos mortos.]
153. *Qu'avons-nous fait!* (1, 4.)
    [Que fizemos!]
154. *Qu'il te suffise donc, pour me justifier,*
    *Que je vis, que j'aimai la Reine le premier.* (I, 1.)
    [Baste, portanto, para justificar-me, / Que fui eu quem viu e amou primeiro a Rainha.]

Juiz, esse deus – se realmente o for – é um juiz-parte, um deus malvado; impotente para agradar, só pode tiranizar[155]; equívoco, sua própria ambigüidade é maligna, suas carícias – mais uma vez – são mortíferas[156]; por fim, e sobretudo – pois essa é a característica constitutiva da divindade raciniana –, esse Juiz possui uma balança adulterada, mas *inteligentemente* adulterada: ele sempre sabe odiar *um pouco mais* do que ama[157]. A Legalidade para ele é instrumento de tirania: ele recebeu Mônima do pai[158], possui-a graças à Lei, exige fidelidade, transforma as bodas em morte, consagrando mais uma vez a identidade entre leito e túmulo, o equívoco trágico do altar, ao mesmo tempo nupcial e fúnebre: o objeto de seu poder é aqui a faixa régia, que funciona ora como diadema, ora como laço, com o qual ele seduz e mata Mônima. Em resumo, é um deus contabilista, que nunca dá sem tomar de volta: o que ele perde aqui, quer recuperar ali: em sua liturgia, Mônima é a compensação de suas derrotas[159], pois ele só tem uma linguagem, a do Ter.

Tal é o Pai medonho que um filho culpado encontra. Nesse ponto, a tragédia expressa o universo raciniano em sua ver-

...........................

155. *Faut il que désormais, renonçant à vous plaire,*
 *Je ne prétende plus qu'à vous tyranniser?* (II, 4.)
 [Será preciso que agora, desistindo de vos agradar, / Eu só pretenda vos tiranizar?]
156. *Il feint, il me caresse, et cache son dessein.* (IV, 2.)
 [Ele finge, acaricia-me, oculta seus intuitos.]
157. *Sa haine va toujours plus loin que son amour.* (I, 5.)
 [Seu ódio vai sempre mais longe que seu amor.]
158. *Songez qu'à ce grand roi promise par un père...* (II, 1.)
 [Pensai que a esse grande rei prometida por um pai...]
159. *Mais vous me tenez lieu d'empire, de couronne.* (V, 5.)
 [Mas para mim representais o império, a coroa.]

dade: deuses malvados que o homem só pode justificar confessando-se culpado: é exatamente essa a relação entre Xifares e Mitrídates. Mas sabe-se que às vezes há na tragédia raciniana um ponto por onde ela se deteriora: é a má-fé. Em *Mitrídates*, essa deterioração ocorre por meio do sacrifício do velho Rei; esse sacrifício nada mais tem de trágico, por que é insignificante: Mitrídates já está condenado quando absolve; sua oblação é postiça, ele perdoa aquilo que já não lhe diz respeito; sai da tragédia com indiferença, assim como Berenice saía dela com resignação. Desprovida de qualquer sentido oblativo, sua morte torna-se realmente um *quadro*, exposição decorativa de uma falsa reconciliação; em conformidade com o gosto nascente, mas violento, da época, a tragédia se esquiva em ópera: *Mitrídates* é uma tragédia *retificada*.

## Ifigênia

Essa é, sem dúvida, a mais secular das tragédias de Racine. Sinal disso está no fato de as personagens já não serem figuras diferentes, duplos, estados ou complementos da mesma *psique*, mas verdadeiros indivíduos, mônadas psicológicas bem separadas umas das outras por rivalidades de interesses, e não mais interligadas numa alienação ambígua. *Ifigênia* é uma "grande comédia dramática", na qual o Sangue já não é um elo tribal, mas apenas familiar, uma simples continuidade de benefícios e afeições. A conseqüência crítica é que já não é possível reduzir os papéis entre si, tentar atingir o cerne singular da configuração; é preciso tomá-los uns após os outros, definir aquilo que cada um deles representa socialmente, e não mais miticamente.

A tragédia, bombardeada por todos os lados pela poderosa corrente burguesa que arrebata a época, a tragédia neste caso se refugia inteiramente em Erifila. De nascimento desconhecido – ela não pára de lembrar o mistério dessa origem, cuja obscuridade a tortura e a faz existir, pois ela morrerá quando a conhecer[160] –, Erifila é nada ser; seu *ser* é o ciúme dos deuses[161], seu *fazer* é o mal, que ela propaga como luz[162]; sua relação com a divindade ciumenta é tão pessoal que ela arranca das mãos do sacerdote o punhal com o qual ele a queria imolar: o sacerdote – palavras inauditas – para ela é um profano[163]; ela quer,

.............................

160. *Un oracle effrayant m'attache à mon erreur,*
*Et, quand je veux chercher le sang qui m'a fait naître,*
*Me dit que sans périr je ne me puis connaître.* (II, 1.)
[Um oráculo medonho me liga à minha ignorância, / E, quando quero buscar o sangue que me fez nascer, / Diz-me que, sem perecer, não o posso conhecer.]

161. *Le Ciel s'est fait, sans doute, une joie inhumaine*
*A rassembler sur moi tous les traits de sa haine.* (II, 1.)

*Tu verras que les Dieux n'ont dicté cet oracle*
*Que pour croître à la fois sa gloire et mon tourment.* (IV, 1.)
[O Céu decerto sentiu alegria desumana / Ao reunir em mim todos os sinais de seu ódio. Verás que os Deuses só ditaram esse oráculo / Para aumentar ao mesmo tempo sua glória e meu tormento.]

162. *...Que peut-être, approchant ces amants trop heureux,*
*Quelqu'un de mes malheurs se répandrait sur eux.* (II, 1.)
[...Que talvez, aproximando-me desses amantes tão felizes, / Alguma de minhas desditas se derramasse sobre eles.]

163. *Le sang de ces héros dont tu me fais descendre*
*Sans tes profanes mains saura bien se répandre.* (V, 6.)
[O sangue desses heróis de que me fazes descender / Sem tuas profanas mãos saberá derramar-se.]

plenamente, morrer de se conhecer, cumprindo assim a contradição trágica fundamental, de Édipo. Seu Eros é o mais trágico jamais definido por Racine: ele é absolutamente sem esperança[164] e, por conseguinte, sem linguagem (não há nenhuma "cena" entre Aquiles e Erifila); nasceu apenas de um trauma violento: o rapto no navio de Aquiles, o abraço, os olhos fechados e depois abertos para um braço ensangüentado, a descoberta enfim de um rosto, a entrega, é isso o que a prende a seu raptor por um movimento propriamente contranatural[165]. Tudo nela é ruptura, ela é por excelência o ser rejeitado[166]. Mas esse ser rejeitado talvez seja também o único ser livre do teatro raciniano: ela morre *por nada*, sem álibi de espécie alguma.

Fixada assim a tragédia na personagem de Erifila, o drama burguês pode ostentar sua má-fé. Em torno de Erifila, ou melhor, diante dela, todo um mundo se movimenta. O que está

..........................

164. *Ne me demande point sur quel espoir fondée*
*De ce fatal amour je me vis possédée.* (II, 1.)
[Não me perguntes em que esperança apoiada / Por esse fatal amor me vi possuída.]
165. *Cet Achille...*
*De qui, jusques au nom, tout doit m'être odieux*
*Est de tous les mortels le plus cher à mes yeux* (II, 1.)
[Esse Aquiles... / De quem tudo, até o nome, deveria ser-me odioso / De todos os mortais é o mais caro a meus olhos.]
166. *Je reçus et je vois le jour que je respire*
*Sans que père ni mère ait daigné me sourire.* (II, 1.)
*Moi, qui de mes parents toujours abandonnée,*
*Étrangère partout, n'ai pas même en naissant*
*Peut-être reçu d'eux un regard caressant!* (II, 3.)
[Recebi e vejo o dia que respiro / Sem que pai nem mãe se dignassem sorrir-me. Eu que, desde sempre abandonada por meus pais, / Estrangeira em todo lugar, nem mesmo ao nascer / Talvez tenha recebido deles um olhar carinhoso!]

em jogo é Ifigênia. Ligada a Erifila por uma semelhança de situação, Ifigênia é seu contrário simétrico: Erifila *não é* nada, Ifigênia *tem* tudo; filha de Agamenon, participa como ele do mundo do Ter total; tem pais gloriosos, aliados inúmeros, um amante devotado; tem a virtude, a sedução[167], a pureza. Nela nada é imotivado; seu amor é produto de uma soma de causas[168]: é o ser da boa consciência. De nada adianta os deuses fingirem condená-la, ela está sempre do lado dos deuses, e até sua morte é um acordo profundo na ordem providencial: sua morte é *justa*, ou seja, justificada, provida de uma finalidade, incorporada numa economia de troca, tal como a morte de um soldado: é ao Pai que ela se devota; para ela, Agamenon é o Pai total, que intercepta até os deuses: não é a estes que Ifigênia obedece, mas a seu pai, abdicando até de seu sofrimento em suas mãos. Entende-se que um tal *objeto*[169] mal se pergunte onde está sua responsabilidade; sem dúvida é preciso que ela se acredite inocente para se pretender resignada; mas seu ser não está na injustiça, está na disponibilidade daquele "sangue" oferecido a Agamenon, Aquiles, Calcas, aos deuses, aos soldados, de quem ele se pretende, indistintamente, propriedade.

...........................

167. *Et déjà de soldats une foule charmée,*
*Surtout d'Iphigénie admirant la beauté...* (I, 4.)
[E já uma multidão de soldados encantada, / Admirando sobretudo a beleza de Ifigênia...]
168. *Sa gloire, son amour, mon père, mon devoir,*
*Lui donnent sur mon âme un trop juste pouvoir.* (II, 3.)
[Sua glória, seu amor, meu pai, meu dever, / Dão-lhe sobre minha alma justíssimo poder.]
169. *Ma vie est votre bien.* (IV, 4.)
[Minha vida é vosso bem.]

Ora, essa personagem-objeto é o que está em jogo numa pequena sociedade na qual se defrontam, em torno de um assunto de Estado bem preciso (um obstáculo imprevisto a alguma grande expedição punitiva, ou seja, de lucro), ideologias bem diferentes, mas todas perfeitamente socializadas, talvez pela primeira vez no teatro raciniano. Há em primeiro lugar o poder estatal, Ulisses; ele possui as características daquilo que Voltaire chamava com admiração de grande político: senso de interesse coletivo, apreciação objetiva dos fatos e de suas conseqüências, ausência de amor-próprio, envolvendo todo esse pragmatismo com uma retórica declamativa e com uma chantagem contínua baseada na grande moral[170]. Ulisses apóia-se no poder clerical. Calcas é uma personagem importante: sempre ausente e sempre ameaçador, à imagem do deus raciniano, nada – casamento, assassinato ou guerra – pode ser feito sem ele. O privilégio terrível que lhe permite comunicar-se com os deuses, porém, é acompanhado de um senso de oportunidade totalmente temporal, as necessidades prosaicas da política; sacrificar a filha do Rei, no fundo, era uma operação cara; à maneira de um eclesiástico hábil, Calcas encontra a solução elegante, solução que satisfaz ao mesmo tempo as aparências espirituais e as exigências da realidade. Erifila não se engana ao ver em Calcas apenas um profano, mais ou menos como um místico julgaria um sacerdote secular demais. Por trás de cada um deles, aliás, há duas raças de deuses; os de Calcas são deuses vul-

---

**170.** *Il me représenta l'honneur et la patrie.* (I, 1.)
[Ele me fez ver a honra e a pátria.]

gares, dados a pôr o homem prosaicamente à prova; por trás de Erifila, há o Deus trágico que só sabe alimentar-se do mal mais puro; os primeiros não passam de derrisão do segundo; neles, a vendeta trágica está degradada, reduzida à barganha de um grande lucro econômico; eles já nada mais são do que a moral com a qual, sob o nome de sacrifício, se reveste a dura lei do lucro: um pouco de sangue contra grandes riquezas[171].

A mãe e o genro, associados, representam uma ideologia totalmente contrária: a reivindicação do indivíduo contra um Estado exigente demais. Ambos proclamam que a "pessoa" é um valor suficiente e por conseguinte, a vendeta está fora de moda: para Clitemnestra e para Aquiles a culpa já não é contagiosa: é ilógico que toda a família pague pelo rapto de Helena[172]. Toda essa reivindicação está convencida de seu pleno direito. Clitemnestra, mulher viril e ambiciosa (o casamento da filha, que ela mesma "arranjou"[173], a seu ver é uma preciosa promoção social[174]), nada tem de uma Níobe; em meio àquele grande "pateticismo" que nela via Voltaire, ela mantém um espírito posi-

...........................

171. *Le seul Agamemnon, refusant la victoire,*
    *N'ose d'un peu de sang acheter tant de gloire?* (I, 3.)
    [Só Agamenon, recusando a vitória, / Não ousa com um pouco de sangue comprar tanta glória?]

172. *Si du crime d'Hélène on punit sa famille,*
    *Faites chercher à Sparte Hermione, sa fille.* (IV, 4.)
    [Se do crime de Helena se pune sua família, / Ide buscar em Esparta Hermione, sua filha.]

173. *Je vous l'ai dans Argos présenté de ma main.* (II, 4.)
    [Em Argos eu vo-la apresentei pessoalmente.]

174. *Où le fils de Thétis va m'appeler sa mère.* (III, 1.)
    [Onde o filho de Tétis vai chamar-me de mãe.]

tivo: por exemplo, recorrer a Aquiles, e não aos deuses, visto que a ação humana é mais segura; ou também discutir o oráculo, contestar sua literalidade, submetê-lo à interpretação da razão, e não à cegueira da fé[175]; rebelde à antiga Lei, ela preconiza a transferência do Pai para o esposo[176]. Aquiles vai ainda mais longe; ele não tem nem quer ter nenhum senso de interesse coletivo; é seu único senhor: lutar, pouco importa por quem, casar-se com Ifigênia, sem dote[177], é o que ele quer, porque nisso está o seu prazer: para agir ele não precisa dos álibis da guerra nem das obrigações familiares[178]. Esse guerreiro anarquizante é tão irreverente para com os sacerdotes[179] quanto para com os próprios deuses[180]; o Pai, a seu ver, é inteiramente dessacralizado[181].

..............................

175. *Un oracle dit-il tout ce qu'il semble dire?* (IV, 4.)
    [O oráculo dirá tudo o parece dizer?]
176. *...Vous êtes en ces lieux Son père, son époux, son asile, ses Dieux.* (III, 5.)
    [...Sois neste lugar / Seu pai, seu esposo, seu asilo, seus Deuses.]
177. *Content et glorieux du nom de votre époux...* (III, 6.)
    [Contente e glorioso com o nome de vosso esposo...]
178. *Content de son hymen, vaisseaux, armes, soldats,*
    *Ma foi lui promit tout, et rien à Ménélas.* (IV, 6.)
    [Contente com suas bodas, navios, armas, soldados, / Minha fé lhe prometeu tudo, e nada a Menelau.]
179. *Cet oracle est plus sûr que celui de Calchas.* (III, 7.)
    [Esse oráculo é mais seguro que o de Calcas.]
180. *Les Dieux sont de nos jours les maîtres souverains,*
    *Mais, Seigneur, notre gloire est dans nos propres mains.* (1, 2.)
    [Os Deuses são hoje em dia os mestres soberanos, / Mas, Senhor, nossa glória está em nossas mãos.]
181. *Lui, votre père? Après son horrible dessein,*
    *Je ne le connais plus que pour votre assassin.* (III, 6.)
    *Elle est de mes serments seule dépositaire.* (IV, 6.)

| *Sobre Racine* |

Esse Pai é um falso deus. Seu Ser repousa num Ter, ele tem tudo, riquezas, honras, poder, alianças[182]; mas, caracterialmente, nada é; seu *fazer* é *oblíquo* (palavra esta já usada por Eurípides a seu respeito). Suas hesitações não têm nenhuma relação com a divisão do herói trágico; nele, a luta nem mesmo ocorre totalmente entre o amor filial e o dever nacional, mas sobretudo entre as pressões públicas, as vozes do *o que dirão os outros?*, tão poderosas no universo raciniano: *a favor* do sacrifício não estão os deuses, mas sim as vantagens de uma expedição cujo lucro a glória não consegue ocultar totalmente[183]; *contra* o sacrifício, certamente está o sentimento paterno (Agamenon não é um monstro, é um *medíocre*, uma alma mediana), mas esse sentimento está sempre precisando da caução ou da resistência do outro; como todo ser fraco, ele vive abusivamente na linguagem; pela linguagem ele é atacado, ele teme os discursos de Clitemnestra[184] e deles foge; e é com a linguagem que ele se protege, envolvendo-se nebulosamente no aforismo, nas considerações ranças sobre a natureza humana[185].

...........................

[Ele, vosso pai? Depois de seu horrível propósito, / Só o conheço como vosso assassino. / Ela é de meus juramentos a única depositária.]

182. *Roi, père, époux heureux, fils du puissant Atrée,*
*Vous possédez des Grecs la plus riche contrée.* (I, 1.)
[Rei, pai, esposo feliz, filho do poderoso Atreu, / Possuís dos gregos a mais rica região.]

183. *Pour tout le prix enfin d'une illustre victoire*
*Qui le doit enrichir, venger, combler de gloire...* (III, 6.)
[Como único prêmio enfim de uma ilustre vitória / Que o deve enriquecer, vingar, encher de glória...]

184. *A mon perfide époux, je cours me présenter.*
*Il ne soutiendra point la fureur qui m'anime,* (III, 5.)
[A meu pérfido esposo corro apresentar-me. / Ele não resistirá ao furor que me anima,]

185. *Heureux qui, satisfait de son humble fortune...* (I, 1.)
[Feliz daquele que, satisfeito com sua humilde fortuna...]

Todas essas pessoas (pois se trata de reivindicações individuais) agitam-se, opõem-se e, mais ainda, ligam-se no seio de uma realidade que, na verdade, é a personagem central da peça: a família. Há em Ifigênia uma vida familiar intensa. Em nenhuma outra peça Racine apresentou uma família tão solidamente constituída, provida de um núcleo completo (pai, mãe, filha), colaterais (Helena, em torno de quem se discute), ascendentes (marido e mulher os lançam ao rosto um do outro[186]) e uma aliança próxima (os "direitos" do futuro genro são rispidamente discutidos[187]). Como não ver que nesse bloco sólido, ocupado por um grande interesse material, Erifila (ou seja, o herói trágico) é realmente *a intrusa* que todos sacrificarão (e o público de Luís XIV com eles) ao sucesso do clã? Há em *Ifigênia* um singular prosaísmo das relações humanas porque, exatamente, essas relações são familiares, no sentido moderno da palavra; prosaísmo de expressão, às vezes, que não deixa de lembrar o tom das querelas burguesas da comédia de Molière[188], mas, sobretudo, continuamente, prosaísmo psicológico – pois aquilo que se chama em linguagem formal *assaltos* de uma personagem contra outra nada mais é que a unidade que durante sé-

---

186. *Laissez à Ménélas racheter d'un tel prix*
    *Sa coupable moitié, dont il est trop épris...* (IV, 4.)
    [Deixai que Menelau resgate por tal preço / Sua culpada metade, pela qual está por demais apaixonado...]

187. IV, 6.

188. – *Ah! je sais trop le sort que vous lui réservez.*
    – *Pourquoi le demander, puisque vous le savez?* (IV, 6.)
    [– Ah! Conheço bem a sorte que lhe reservais. / – Por que perguntar, se o sabeis?]

culos animará nosso teatro realista, unidade que, por preciosa ambigüidade, será chamada de *cena* ou, como diz Giraudoux, "uma daquelas conflagrações semanais que surgem nas famílias exaltadas[189]".

Ora, a família não é um meio trágico; captada como grupo vivo e, quase se poderia dizer, como espécie, ou seja, animada por verdadeira força expansiva, ela não pode converter a impossibilidade de viver em valor e fim. É verdade que, quando a peça começa, o problema proposto à consciência é propriamente trágico: caberá sacrificar Ifigênia ou não? Ao que tudo indica, essa alternativa não suporta nenhuma saída imprevista, nenhuma saída *inventada*: é sim ou não. Ora, Racine (e aí está o sentido profundo da obra, sua *novidade*, como ressalta o Prefácio), Racine dá a esse dilema trágico uma saída não trágica; e essa saída é *precisamente* fornecida pela personagem trágica. Matar ou não matar Ifigênia – dizia a tragédia. E Racine responde: matá-la e *ao mesmo tempo* não a matar, pois imolar Erifila é salvar a significação do assassinato, mas sem assumir seu caráter absoluto. Racine esboça aí algo que é uma espécie de solução dialética, formal sem dúvida, ainda bárbara (a verdadeira solução dialética teria sido inventar um meio para prescindir dos ventos e dos deuses), mas que, incontestavelmente, naquela segunda metade do século XVII, dá mostras do espírito novo, da corrente naturalista cujo prestigioso representante foi Molière: sem Erifila, *Ifigênia* seria uma ótima comédia.

---

**189.** J. Giraudoux, *Racine* (Grasset), p. 39.

## Fedra

Dizer ou não dizer? Essa é a questão. Aqui o próprio ser da fala é levado ao palco: a mais profunda das tragédias racinianas também é a mais formal; pois o interesse trágico aí está muito menos no sentido da fala do que em seu aparecimento, muito menos no amor de Fedra do que em sua confissão. Ou, mais exatamente: a nomeação do Mal o esgota por inteiro, o Mal é uma tautologia, Fedra é uma tragédia nominalista[190].

Desde o início Fedra se sabe culpada, e não é sua culpa que constitui problema, é seu silêncio[191]: nisso está sua liberdade. Fedra rompe esse silêncio três vezes: diante de Enona (I, 3), diante de Hipólito (II, 5), diante de Teseu (V, 7). Essas três rupturas têm gravidade crescente; de uma a outra, Fedra se aproxima de um estado cada vez mais puro da fala. A primeira confissão ainda é narcísica, Enona é apenas um duplo materno de Fedra, Fedra se desata para si mesma, procura sua identidade, faz sua própria história, sua confidência é épica. Na segunda vez, Fedra se liga magicamente a Hipólito por meio de um jogo, ela *representa* seu amor, sua confissão é dramática. Na terceira

............................
190. *Quand tu sauras mon crime, et le sort qui m'accable,*
 *Je n'en mourrai pas moins, j'en mourrai plus coupable.* (I, 3.)
 – *Hippolyte? Grands Dieux! – C'est toi qui l'as nommé.* (I, 3.)
 [Quando souberes meu crime e o destino que me esmaga, / Morrerei não obstante, morrerei mais culpada.
 – Hipólito? Ó Deuses! – Tu o nomeaste.]
191. *Phèdre, atteinte d'un mal qu'elle s'obstine à taire...* (I, 1.)
 [Fedra, atingida por um mal que ela se obstina a calar...]

vez, ela se confessa publicamente diante daquele que, apenas com seu Ser, fundou a culpa; sua confissão é literal, purificada de qualquer teatralização, sua fala é coincidência total com o fato, ela é *correção*: Fedra pode morrer, a tragédia está esgotada. Trata-se, pois, de um silêncio torturado pela idéia de sua própria destruição. Fedra é seu silêncio: romper esse silêncio é morrer, mas também morrer só pode ser ter falado. Antes que a tragédia comece, Fedra já quer morrer, mas essa morte é suspensa[192]: silenciosa, Fedra não consegue viver nem morrer: só a fala vai desatar essa morte imóvel, devolver o movimento ao mundo[193].

Fedra, aliás, não é a única figura do Segredo; não só seu segredo é contagioso – Hipólito e Arícia também recusam qualquer nomeação ao mal de Fedra[194] –, como Fedra tem um duplo, também ele coagido pelo terror de falar: Hipólito. Para Hipólito, tal como para Fedra, amar é ser culpado diante daquele mesmo Teseu que proibiu o filho de casar-se por efeito da lei

...........................

192. *Une femme mourante et qui cherche à mourir...* (I, 1.)
    [Uma mulher moribunda e que procura morrer...]
193. *Et la mort, à mes yeux dérobant la clarté,*
    *Rend au jour, qu'ils souillaient, toute sa pureté.* (V, 7.)
    [E a morte, a meus olhos roubando a claridade, / Devolve ao dia, que eles maculavam, toda a sua pureza.]
194. Hipólito a Teseu:
    *Je devrais faire ici parler la vérité,*
    *Seigneur; mais je supprime un secret qui vous touche.* (IV, 2.)
    [Eu deveria aqui fazer a verdade falar, / Senhor; mas omito um segredo que vos toca.]
    Hipólito a Arícia:
    *...et que jamais une bouche si pure*
    *Ne s'ouvre pour conter cette horrible aventure.* (V, 1.)
    [...e que jamais uma boca tão pura / Se abra para contar essa horrível aventura.]

de vendeta, e que nunca morre. Mais que isso, amar e confessar esse amor, para Hipólito, é o mesmo escândalo, mais uma vez a culpa do sentimento não se distingue em nada de sua nomeação: Terâmenes fala a Hipólito exatamente como Enona fala a Fedra[195]. Contudo, como duplo de Fedra, Hipólito representa um estado bem mais arcaico de seu mutismo, é um duplo regressivo; pois a constrição de Hipólito é essencial[196], a de Fedra é situacional. A restrição oral de Hipólito é abertamente dada como uma restrição sexual: Hipólito é mudo *assim como* é estéril; apesar das precauções mundanas de Racine, Hipólito é recusa do sexo, antinatureza; a confidente, voz da normalidade, por sua própria curiosidade, comprova o caráter monstruoso de Hipólito, cuja virgindade é espetáculo[197]. Provavelmente a esterilidade de Hipólito é dirigida contra o Pai, é censura ao Pai pela profusão anárquica com que ele desperdiça a vida[198]. Mas

..........................

195. Terâmenes a Hipólito:
*Vous périssez d'un mal que vous dissimulez.* (I, 1.)
[Pereceis de um mal que dissimulais.]
196. O amor de Hipólito por Arícia é desafio à essência:
*Je me cherche et ne me trouve plus.* (II, 2.)
[Agora me busco e não me encontro.]
197. *Et même en le voyant, le bruit de sa fierté*
*A redoublé pour lui ma curiosité.* (II, 1.)
[E, mesmo o vendo, o rumor de sua altivez / Redobrou minha curiosidade por ele.]
198. *Mais quand tu récitais des faits moins glorieux,*
*Sa foi partout offerte et reçue en cent lieux...*
*Tu sais comme, à regret écoutant ces discours,*
*Je te pressais souvent d'en abréger le cours...*
*Et moi-même, à mon tour, je me verrais lié?* (I, 1.)
[Mas quando recitavas fatos menos gloriosos, / Sua fé em toda parte oferecida e aceita em mil lugares... / Sabes como, ouvindo contrafeito esse discurso, / Eu tantas vezes te instava a abreviar seu curso... / E eu mesmo, por minha vez, me encontraria atado?]

o mundo raciniano é um mundo imediato: Hipólito odeia a carne como um mal literal: Eros é contagioso, ele precisa cortá-lo de si, recusar o contato com os objetos que ele tocou: o simples olhar de Fedra sobre Hipólito corrompe Hipólito[199], sua espada se torna repugnante por Fedra tê-la tocado[200]. Nesse aspecto, Arícia não passa do homólogo de Hipólito: sua vocação é a esterilidade, não só devido à sentença de Teseu[201], mas também devido a seu próprio ser[202].

A constrição, pois, é a forma que traduz ao mesmo tempo o pudor, a culpa e a esterilidade; e *Fedra*, em todos os planos, é uma tragédia da Fala contida, da Vida retida. Pois a fala é um substituto da vida: falar é perder a vida, e todas as condutas de expansividade são sentidas num primeiro movimento como gestos de dilapidação: com a confissão, com a palavra desatada, o que parece ir embora é o próprio princípio da vida; falar é expandir-se, ou seja, castrar-se, de tal modo que a tragédia está

..............................

**199.** *Je ne puis sans horreur me regarder moi-même.* (II, 6.)
[Não posso sem horror olhar para mim mesmo.]

**200.** *Il suffit que ma main l'ait une fois touchée*
*Je l'ai rendue horrible à ses yeux inhumains;*
*Et ce fer malheureux profanerait ses mains.* (III, 1.)
[Bastou que minha mão a tocasse uma vez / Para torná-la horrível a seus olhos inumanos; / E este ferro infeliz profanaria suas mãos.]

**201.** *Il défend de donner des neveux à ses frères,*
*D'une tige coupable il craint un rejeton,*
*Il veut avec leur soeur ensevelir leur nom.* (I, 1.)
[Ele proíbe dar sobrinhos a seus irmãos, / De um tronco culpado ele teme um rebento, / Ele quer com a irmã enterrar o nome deles.]

**202.** *Tu sais que de tout temps à l'amour opposée...* (II, 1.)
[Sabes que desde sempre ao amor oposta...]

submetida à economia de uma terrível avareza[203]. Mas, ao mesmo tempo, é claro, essa fala bloqueada é fascinada por sua expansão: é no momento em que Fedra mais se cala que, num gesto compensatório, rejeita as vestes que a encerram e quer mostrar sua nudez[204]. Entende-se então por que *Fedra* também é uma tragédia do parto. Enona é realmente a nutriz, a parteira, aquela que quer libertar Fedra de sua fala a qualquer preço, aquela que extrai a linguagem da cavidade profunda na qual ela está encerrada. Esse fechamento intolerável do ser, que num mesmo movimento é mutismo e esterilidade, é, como se sabe, também a essência de Hipólito: Arícia, portanto, será a parteira de Hipólito, assim como Enona o é de Fedra; se Arícia se interessa por Hipólito, é expressamente para vazá-lo[205], fazer que finalmente sua linguagem se escoe. Mais ainda: sonhadoramente, é esse papel de parteira que Fedra pretende desempenhar junto a Hipólito; tal como sua irmã Ariadne, desatadora do Labirinto, ela quer desemaranhar a meada, desenredar o fio, conduzir Hipólito da caverna para a luz[206].

...........................

**203.** *J'ai pris la vie en haine...* (I, 3.)
[Passei a odiar a vida...]

**204.** *Que ces vains ornements, que ces voiles me pèsent...* (I, 3.)
[Como estes vãos ornamentos, como estes véus me pesam...]

**205.** *Mais de faire fléchir un courage inflexible,*
*De porter la douleur dans une âme insensible...*
*C'est là ce que je veux, c'est là ce qui m'irrite.* (II, 1.)
[Mas dobrar uma coragem inflexível, / Levar a dor a uma alma insensível... / É isso que quero, é isso que me excita.]

**206.** *C'est moi, Prince, c'est moi, dont l'utile secours*
*Vous eût du Labyrinthe enseigné les détours...* (II, 5.)
[Sou eu, Príncipe, sou eu, cuja útil ajuda / Ter-vos-ia ensinado os meandros do Labirinto...]

O que torna a Fala tão terrível? Em primeiro lugar, o fato de ser um ato – a palavra é poderosa –, mas, principalmente, o fato de ser irreversível[207]: nenhuma fala pode desdizer-se: entregue ao Logos, o tempo não pode ser remontado, sua criação é definitiva. Por isso, eludir a fala é eludir o ato[208], passá-la a outrem, como no jogo de passa anel, é passar ao outro a responsabilidade por ela; e a quem tiver começado a falar por "uma distração involuntária" de nada adianta desdizer-se, é preciso ir até o fim[209]. E a astúcia de Enona não consiste em *desdizer*, anular a confissão de Fedra, o que é impossível, mas justamente em virá-la do avesso: Fedra acusará Hipólito do crime do qual ela mesma é culpada: a palavra continuará intacta, simplesmente transferida de uma personagem para outra. Pois a palavra é indestrutível: a divindade oculta de *Fedra* não é Vênus nem o Sol: é o Deus "formidável dos perjuros", cujo templo se ergue às portas de Trezena, cercado dos túmulos dos ancestrais e diante do qual Hipólito vai morrer. O próprio Teseu é vítima desse deus: ele, que contudo soube *voltar* do Inferno, retomar o irretomável, ele é quem fala cedo demais; apesar de se-

---

207. Em *Fedra*, tragédia sem galanterias, as palavras nunca são retomadas: não há "cenas".
208. *La charmante Aricie a-t-elle su vous plaire?*
    *– Théramène, je pars, et vais chercher mon père.* (I, 1.)
    [A encantadora Arícia soube agradar-vos? – Terâmenes, estou partindo, vou em busca de meu pai.]
209. *Puisque j'ai commencé de rompre le silence,*
    *Madame, il faut poursuivre...* (II, 2.)
    *...Ah! cruel, tu m'as trop entendue...* (II, 5.)
    [Já que comecei a romper o silêncio, Senhora, preciso continuar...
    ...Ah! cruel, ouviste-me muito bem...]

midivino e bastante poderoso para dominar a contradição da morte, não pode desfazer a linguagem: os deuses lhe devolvem a palavra que escapou, na forma de um dragão que o devora em seu filho.

Naturalmente, como drama pânico da abertura, *Fedra* dispõe de uma temática muito ampla do oculto. Sua imagem central é a Terra; Teseu, Hipólito, Arícia e seus irmãos[210] descendem da Terra. Teseu é um herói propriamente ctônico, familiarizado com os Infernos, cujo palácio régio reproduz a concavidade asfixiante[211]; herói labiríntico, ele é aquele que soube vencer a caverna, passar várias vezes da sombra à luz, conhecer o incognoscível e voltar; e o lugar natural de Hipólito é a floresta sombrosa, onde ele alimenta sua própria esterilidade[212]. Diante desse bloco telúrico, Fedra fica dividida: pelo pai Minos, ela participa da ordem do subterrâneo, da caverna profunda; pela mãe Pasífae, ela descende do Sol; seu princípio é uma mobilidade inquieta entre esses dois termos; ela está sempre fechando seu segredo, voltando à caverna interior, mas também está sendo sempre impelida por uma força a sair, expor-se, reunir-se ao Sol; e sempre está demonstrando a ambigüidade de sua natureza:

---

210. *Reste du sang d'un roi noble fils de la Terre...*
 *...et la terre humectée*
 *But à regret le sang des neveux d'Érechtée.* (II, 1.)
 [Resto do sangue de um rei nobre filho da Terra / ...e a terra umedecida / Sorveu a contragosto o sangue dos sobrinhos de Erecteu.]
211. *Il me semble déjà que ces murs, que ces voûtes...* (III, 3.)
 [Já me parece que estes muros, estas abóbadas...]
212. *Nourri dans les forêts il en a la rudesse.* (III, 1.)
 [Alimentado nas florestas, tem delas a rudeza.]

teme e pede luz[213]; tem sede de dia e o macula; em resumo, seu princípio é o próprio paradoxo da luz negra[214], ou seja, de uma contradição de essências.

Ora, em *Fedra* essa contradição tem uma figura acabada, o monstro. Inicialmente, o monstruoso ameaça todas as personagens; elas todas são monstros umas para as outras e também caçadoras de monstros[215]. No entanto, é um monstro – dessa vez de verdade – que intervém para deslindar a tragédia. E esse monstro é a própria essência do monstruoso, ou seja, resume

---

213. ...*Vous haïssez le jour que vous veniez chercher.* (I, 3.)
    [...Odiais o dia que vindes buscar.]
214. *Je voulais en mourant...*
    *...dérober au jour une flamme si noire.* (I, 3.)
    [Queria, morrendo... / poupar o dia dessa chama tão negra.]
215. Fedra a Hipólito:
    *Délivre l'univers d'un monstre qui t'irrite.* (II, 5.)
    [Livra o universo de um monstro que te exaspera.]
    Arícia sobre Fedra:
    *...Vos invincibles mains*
    *Ont de monstres sans nombre affranchi les humains.*
    *Mais tout n'est pas détruit, et vous en laissez vivre*
    *Un...* (V, 3)
    [...Vossas invencíveis mãos / De monstros inúmeros libertaram os humanos. / Mas nem tudo está destruído, e deixais viver / Um...]
    Fedra a Enona:
    *...Va-t'en, monstre exécrable.* (IV, 6.)
    [...Vai-te, monstro execrável.]
    Hipólito sobre si mesmo:
    *Croit-on que dans ses flancs un monstre m'ait porté?* (II, 2.)
    [Será que acreditam que em suas entranhas um monstro me gestou?]
    Fedra sobre Hipólito:
    *Je le vois comme un monstre effroyable à mes yeux.* (III, 3.)
    [Eu o vejo como um monstro medonho.]

em sua estrutura biológica o paradoxo fundamental de *Fedra*: ele é a força que irrompe da profundeza marinha, que arremete contra o segredo, que o abre, arrebata, dilacera, dissipa e dispersa; ao fechamento principial de Hipólito corresponde tragicamente (ou seja, ironicamente) uma morte por estilhaçamento, a pulverização – amplamente *estendida* pela narrativa – de um corpo até então essencialmente compacto. A narrativa de Terâmenes[216] constitui, pois, o ponto crítico no qual a tragédia se resolve, ou seja, no qual a retenção anterior de todas as personagens se desfaz através de um cataclismo total. Portanto, é Hipólito a personagem exemplar de *Fedra* (não digo a personagem principal), ele é realmente a vítima propiciatória, em quem o segredo e sua ruptura atingem, de algum modo, a forma mais gratuita; e, em relação a essa grande função mítica do segredo rompido, Fedra é uma personagem impura: seu segredo, cujo deslindamento é *tentado* de algum modo duas vezes, é finalmente rompido numa confissão extensa; em Fedra, a fala encontra *in extremis* uma função positiva: ela tem tempo de morrer, há afinal uma concordância entre sua linguagem e sua morte, ambas têm a mesma medida (ao passo que até a última palavra é roubada a Hipólito); tal como um fluxo, uma morte lenta nela se insinua[217], e também

---

**216.** Sobre a narrativa de Terâmenes, existe um belíssimo comentário de Léo Spitzer, que só conheço na tradução italiana (*Critica stilistica e storia del linguaggio*, 1954, p. 227).

**217.** *J'ai voulu...*
*Par un chemin plus lent descendre chez les morts.*
*J'ai pris, j'ai fait couler dans mes brûlantes veines*
*Un poison...* (V, 7.)
[Quis... / Por um caminho mais lento descer até os mortos. / Tomei, fiz correr pelas minhas ardentes veias / Um veneno...]

como um fluxo uma palavra pura, uniforme, sai dela; o tempo trágico, tempo medonho que separa a ordem falada da ordem real, o tempo trágico é sublimado, a unidade da natureza é restaurada.

Portanto, *Fedra* propõe uma identificação entre interioridade e culpabilidade; em *Fedra*, as coisas não são ocultas por serem culpadas (essa seria uma visão prosaica, como a de Enona, por exemplo, para quem a culpa de Fedra é apenas contingente, ligada à vida de Teseu); as coisas são culpadas a partir do momento mesmo em que são ocultas: o ser raciniano não se desata, e aí está seu mal: nada demonstra melhor o caráter *formal*[218] da culpa do que sua equiparação explícita a uma doença[219]; a culpa objetiva de Fedra (adultério, incesto) é, em suma, uma construção postiça, destinada a naturalizar o sofrimento do segredo, a transformar utilmente a forma em conteúdo. Essa inversão coincide com um movimento mais geral, que instaura todo o edifício raciniano: o Mal é terrível, na exata medida em que é vazio, o homem sofre de uma forma. É o que Racine expressa muito bem acerca de Fedra, quando diz que, para ela, o próprio crime é punição[220]. Todo esforço de Fedra consiste em *dar corpo à* sua culpa, ou seja, em absolver Deus.

---

218. Claudel parece ter visto esse caráter *formal* do mal de Fedra, quando diz: "*Fedra* é uma atmosfera por si só."

219. *Phèdre, atteinte d'un mal qu'elle s'obstine à taire...* (I, 1.)
 [Fedra, atingida por um mal que ela se obstina a calar...]

220. Prefácio, fim do primeiro parágrafo.

## Ester

Há em *Ester* uma personagem escandalosa, Aman. Esse traidor não faz parte da grande associação legal que une os judeus, Ester, Mardoqueu e Assuero na consciência soberba de seus Direitos. Nesse novo universo providencial, Aman vem da tragédia, a mesma outrora habitada por Taxiles, Pirro, Nero e Erifila. Por exemplo, assim como Nero sob Agripina, Aman é imobilizado sob o olhar de Mardoqueu, Mardoqueu o obceca[221], obscurece todo o universo a seus olhos[222], retira-lhe todo o sabor[223]; mas, assim como Erifila, optou livremente pela alienação: seu ódio por Mardoqueu não é motivado por uma rivalidade de raça[224] ou de função (como ocorrerá entre Matã e Joade): ele o odeia de uma maneira completamente pura. Assim como Erifila, perante a família judaica ele é órfão[225] e intruso, duplamente estrangeiro como amalecita e macedônio. Ele

..........................

221. *Son visage odieux m'afflige et me poursuit.* (II, 1.)
 [Seu rosto odioso me aflige e persegue.]
222. *– Vous voyez l'univers prosterné devant vous.*
 *– L'univers? Tous les jours un homme... un vil esclave,*
 *D'un front audacieux me dédaigne et me brave.* (II, 1.)
 [– Vedes o universo prostrado diante de vós – O universo? Todos os dias um homem ...um vil escravo, / Com fronte audaciosa me desdenha e desafia.]
223. *Et toute ma grandeur me devient insipide,*
 *Tandis que le soleil éclaire ce perfide.* (II, 1.)
 [E toda a minha grandeza me será insípida, / Enquanto o sol iluminar esse pérfido.]
224. *Mon âme, à ma grandeur toute entière attachée,*
 *Des intérêts du sang est faiblement touchée.* (II, 1.)
 [Minha alma, à grandeza inteiramente empenhada, / Pelos interesses do sangue é debilmente tocada.]
225. *Dans les mains des Persans jeune enfant apporté...* (II, 1.)
 [Às mãos dos persas criancinha levado...]

se fez[226] e impôs sozinho, não reconhece a lei do Sangue[227]; sua traição, mais uma vez, nada mais é que o nome invertido de sua libertação. Na verdade, Aman só quer uma coisa: ser reconhecido. Naquela corte onde a glória sempre deixa à mostra alguma motivação econômica[228], Aman só tem um móbil: a volúpia da honraria[229]. Um único ser o rejeita: Mardoqueu. Mardoqueu é um olhar imóvel que diz *não*, e entre ele e Aman há a mesma relação que há entre Deus e a criatura a quem ele recusa sua graça: é exatamente essa frustração que amarra Aman a Mardoqueu: assim como os heróis da antiga tragédia profana, ele se recusa a fugir, a abandonar a tragédia.

A ordem da qual Aman está excluído é bem conhecida, existe em todas as tragédias de Racine com profundidades diversas, é a ordem da Legalidade. A Legalidade é aqui assumida abertamente por Deus, pelo menos pelo Deus do Antigo Testamento. Portanto, pela primeira vez, é uma Legalidade plenamente triunfante, dotada enfim de uma boa consciência absoluta: Deus já não é acusado, o filho parece definitivamente reconciliado com o Pai, que lhe empresta seu nome e sua voz. O "dogmatismo", recusa de herdar que atormentou tantos heróis racinia-

...........................
226. *J'ai su de mon destin corriger l'injustice.* (II, 1.)
    [Soube de meu destino corrigir a injustiça.]
227. *Oui, ce Dieu, je l'avoue est un Dieu redoutable.*
    *Mais veut-il que l'on garde une haine implacable?* (III, 5.)
    [Sim, esse Deus, confesso, é um Deus temível. / Mas desejará ele que nutramos um ódio implacável?]
228. *Je te donne d'Aman les biens et la puissance.* (III, 7.)
    [Dou-te de Amã os bens e o poder.]
229. *L'honneur seul peut flatter un esprit généreux...* (II, 5.)
    [Só a honra pode confortar um espírito generoso...]

nos, está esgotado; ao contrário, só há uma glória, uma embriaguez da herança, uma afirmação solene do Sangue e, em suma, do Passado, que é ao mesmo tempo o da Legalidade profana e o da Legalidade judaica, da *Aliança*.

Esse percurso mítico, que desta vez, ao contrário do percurso trágico, vai da dispersão à aliança, da infidelidade à fidelidade, é realizado pelo povo judeu. *Ester* aborda os judeus no estado raciniano por excelência, o da ingratidão: eles romperam a Aliança[230] e por isso foram punidos de geração em geração[231], segundo a lei da vendeta; para eles, o objetivo é "recobrar a graça", movimento que sempre fascinou Racine. Pois a Legalidade – que em tantas outras tragédias aparecia como uma Natureza a tal ponto asfixiante que libertar-se era ousar atingir a anti-Physis –, a Legalidade volta a ser a Natureza: era quando estavam separados que os judeus formavam um povo monstruoso, singular em relação ao universo inteiro, escandaloso na proporção de sua própria solidão[232]. No entanto, esse Deus que define a nova

...........................

230. *Sous les Assyriens leur triste servitude*
 *Devint le juste prix de leur ingratitude.* (III, 4.)
 [Sob os assírios, sua triste servidão / Tornou-se o justo prêmio de sua ingratidão.]
231. *Nos pères ont péché, nos pères ne sont plus,*
 *Et nous portons la peine de leurs crimes.* (I, 5.)
 [Nossos pais pecaram, nossos pais já não existem, / E nós sofremos a pena de seus crimes.]
232. *Oui, ce sont, cher ami, des monstres furieux.* (III, 3.)
 *Il nous croit en horreur à toute la nature.* (I, 3.)
 *Du reste des humains, ils semblent divisés...*
 *Et détestés partout, détestent tous les hommes.* (II, 1.)
 [Sim, caro amigo, são monstros furiosos.
 Ele nos acredita abominados por toda a natureza.
 Do resto dos humanos parecem separados... / E, detestados em toda parte, detestam todos os homens.]

Natureza continua sendo um Deus injusto, cruel e tão distante que o mundo é como que um nada diante dele; mas, justamente, ele possibilita legalizar de algum modo a agressão, combater com boa consciência, exercer sem culpas o poder de destruir, enfim, viver reconciliado ao mesmo tempo que se poupa uma oblação.

Ester é a via desse reatamento. Ela não religa apenas a criatura a seu Deus, mas também o Poder ao Pai, que fora momentaneamente desapossado dele, Assuero a Mardoqueu. Assuero não passa de fração do poder divino: sem dúvida, como toda Autoridade, ele é ao mesmo tempo invisível e fulgurante[233], põe a criatura numa crise de identidade: diante dele, Ester não tem origem, é obrigada a definir-se com a pergunta trágica primordial: *quem sou eu?* (ou pelo menos aí, pois *Ester* é uma falsa tragédia: *quem é ela?*[234]). Mas esse Deus é também criatura, procura seu complemento[235]; sendo solar, ele encon-

---

233. *Au fond de leur palais leur majesté terrible*
*Affecte à leurs sujets de se rendre invisible.* (I, 3.)

    *Sur ce trône sacré, qu'environne la foudre,*
    *J'ai cru vous voir tout prêt à me réduire en poudre.* (II, 7.)

    *Des éclairs de ses yeux l'oeil était ébloui.* (II, 8.)

    [No fundo de seu palácio, sua majestade terrível / A seus súditos afeta tornar-se invisível.
    Nesse trono sagrado, circundado por raios, / Acreditei-vos prestes a pulverizar-me.
    Com os lampejos de seus olhos o olho se ofuscava.]

234. *Le Roi, jusqu'à ce jour, ignore qui je suis.* (I, 1.)
    *Allez, osez au Roi déclarer qui vous êtes.* (I, 3.)
    [O Rei, até hoje, ignora quem sou.
    Ide, ousai ao Rei declarar quem sois.]

235. *Tout respire en Esther l'innocence et la paix.*
    *Du chagrin le plus noir elle écarte les ombres,*
    *Et fait des jours sereins de mes jours les plus sombres.* (II, 7.)

tra a sombra em Ester, o embaciamento de um rosto sem maquiagem, um brilho temperado de lágrimas[236]. O criador é Mardoqueu; para Ester ele é o Pai total[237], ela é sua propriedade absoluta[238]. Foi o próprio Mardoqueu que a dedicou como virgem-vítima ao Deus-esposo, ele regula suas ações como as de um autômato[239]. Ele *é*: sua estada escandalosa às portas do palácio é o próprio signo de sua permanência de ser; é ele a verdadeira essência, o Elo, o Deus do Passado, a imobilidade diante da qual tudo é objeto ou instrumento; assim como Joade, ele concentra em si o poder sagrado e a engenhosidade temporal; o deus caprichoso, gracioso, fulgurante (Assuero) não passa de objeto nas mãos dessa figura cinerária, estática, verdadeiro espectro da inércia[240] à qual a psique raciniana aqui se

....................
[Tudo em Ester respira inocência e paz, / Da tristeza mais negra ela afasta as sombras, / E transforma em dias serenos os meus dias mais sombrios.]

**236.** *Et moi, pour toute brigue et pour tout artifice,*
*De mes larmes au Ciel j'offrais le sacrifice.* (I, 1.)
[E eu, minha única manobra e artifício era, / De minhas lágrimas ao Céu oferecer o sacrifício.]

**237.** *...Me tint lieu, chère Élise, et de père et de mère.* (I, 1.)
[...Serviu-me, cara Elisa, de pai e mãe.]

**238.** *Que dis-je? Votre vie, Esther, est-elle à vous?* (I, 3.)
[Que digo? Vossa vida, Ester, vos pertence?]

**239.** *Celui par qui le Ciel règle ma destinée*
*Sur ce secret encor tient ma langue enchaînée.* (I, 1.)
[Aquele por quem o Céu rege meu destino / Sobre esse segredo ainda mantém minha língua acorrentada.]

**240.** *Lui, fièrement assis, et la tête immobile...*
*Du palais cependant il assiège la porte...*
*Je l'ai trouvé couvert d'une affreuse poussière,*
*Revêtu de lambeaux, tout pâle. Mais son oeil*
*Conservait sous la cendre encor le même orgueil* (II, 1.)

submete e, de algum modo, se consagra, tal como Ester a seu criador.

O mundo reconciliado, a imobilidade restabelecida, o Passado reatado, a infidelidade abolida têm como preço essa sujeição ao Pai-Sacerdote e Dirigente de povos. *Ester* não é apenas um divertimento circunstancial de crianças; é verdadeira promoção da infância, confusão triunfante de irresponsabilidade e felicidade, eleição de uma passividade deliciosa, saboreada por todo um coro de virgens-vítimas, cujos cantos, ao mesmo tempo louvores e lamentos, formam uma espécie de *ambiente* – sensual – da felicidade raciniana.

## Atalia

Tal como no tempo da primeira tragédia de Racine, temos dois irmãos inimigos, Judá e Israel; esses dois irmãos têm um Pai único, Deus ou seus reis unitários, Davi, Salomão. Um dos irmãos é o bom filho, reconhece a onipotência do Pai, observa sua lei; o outro é o mau filho; rebelde, entrega-se a falsos pais. O primeiro é cativo no templo cercado; o segundo é poderoso. Os dois irmãos travam luta de morte, um em nome do Pai, o outro contra o Pai. Naturalmente, a fidelidade ao Pai é, acima de tudo, Memória, opção pelo Passado, e o conflito fra-

---

[Ele, altivamente sentado, com a cabeça imóvel... / Do palácio porém assedia a porta... / Encontrei-o coberto de medonha poeira, / Vestido em farrapos, pálido. Mas seu olho / Mesmo sob a cinza conservava o orgulho.]

tricida é apresentado já nos primeiros versos da tragédia como uma ruptura catastrófica do tempo[241]: ao tempo cerimonial, constituído pelo retorno e pela repetição[242], que é o tempo do Pai Legal e um tempo imóvel, opõe-se um tempo contraditório, porque verdadeira derrisão do tempo, esquecimento, ou seja, ingratidão[243]. Portanto, nessa última tragédia, apresenta-se diretamente e, por assim dizer, na escala do mito, a figura central de todo o universo raciniano: o cisma.

A origem do cisma, evidentemente, é uma ruptura da Aliança que une Deus e seu povo, o Pai e o filho; assim como em *Ester*, o que está em jogo no conflito trágico é a restauração desse contrato coletivo[244]. Sabe-se que a ruptura da Legalidade é o movimento que solapa a psique raciniana. O cisma é uma ruptura amplificada, exposta. Aqui, já não é um indivíduo que tenta separar-se do sangue (Pirro ou Nero), é o próprio Sangue que se divide, engendra duas linhas antagonistas e, por as-

---

**241.** *Que les temps sont changés!...*
*L'audace d'une femme...*
*En des jours ténébreux a changé ces beaux jours.* (I, 1.)
[Como os tempos mudaram!... / A audácia de uma mulher... / Em dias tenebrosos transformou aqueles belos dias.]

**242.** *Je viens, selon l'usage antique et solennel...* (I, 1.)
[Venho, segundo o uso antigo e solene...]

**243.** *Le reste pour son Dieu montre un oubli fatal...* (I, 1.)
[O resto demonstra esquecimento fatal de seu Deus...]

**244.** *Roi, prêtres, peuple, allons, pleins de reconnaissance,*
*De Jacob avec Dieu confirmer l'alliance.* (V, 7.)
[Rei, sacerdotes, povo, vamos, cheios de reconhecimento, / De Jacó com Deus confirmar a aliança.]

sim dizer, duas legalidades rivais, uma das quais imita a outra. Em resumo, a linhagem cismática dispõe de um sangue, de um Ser transtemporal, tem sua vendeta interna[245], e nisso está seu horror: ela se parece em tudo com a linhagem legítima. Já não se tem aí o esforço de um homem para destruir sozinho a terrível lei da vendeta; tem-se o conflito de duas vendetas distintas, mas simétricas, de dois Sangues homólogos, porque oriundos da mesma Semente. Em seu estado profano, a divisão raciniana opunha o *eu* aos *outros*, a liberdade a seu entorno, a respiração à asfixia; em seu estado religioso, o cisma opõe dois objetos finitos; põe duplos face a face (e não mais o *um* contra o *todos*): duas divindades (Jeová e Baal), dois sacerdotes (Matã e Joade[246]), dois Reis (Atalia e Joás), dois Pais (Atalia e Joade[247]) e dois Templos[248]. O conflito aí já não tem a forma de um investimento, mas de um enfrentamento. Até *Fedra*, o que

...........................

245. Athalie: *Oui, ma juste fureur, et j'en fais vanité,*
*A vengé mes parents sur ma postérité.* (II, 7.)
[Atalia: Sim, meu justo furor, e disso me envaideço, / Vingou meus pais em minha posteridade.]

246. *Qu'est-il besoin, Nabal, qu'à tes yeux je rappelle*
*De Joad et de moi la fameuse querelle...* (III, 3.)
[Qual a necessidade, Nabal, de diante de ti lembrar / A famosa querela entre mim e Joade...]

247.                         *Quel père*
*Je quitterais! Et pour...*
                        – *Hé bien ?*
                            – *Pour quelle mère !* (II, 7.)
[Que pai / Eu abandonaria! E por... / – Então? / – Por qual mãe!]

248. *Enfin, au dieu nouveau qu'elle avait introduit,*
*Par les mains d'Athalie un temple fut construit.* (III, 3.)
[Por fim, ao novo deus que ela introduziu, / Pelas mãos de Atalia um templo foi construído.]

regula a tragédia é o veneno ou o laço. Mas a cortina que Joade puxa para descobrir seus levitas-soldados é como a superfície que une e separa ao mesmo tempo dois mundos igualmente armados: pela primeira vez, a cena raciniana é solenemente aberta para as armas. Em nenhuma outra tragédia de Racine existe um corpo-a-corpo tão nu quanto esse que une Atalia a Joade (ou seja, a Deus), o filho ao Pai; esse corpo-a-corpo já não é indistintamente abraço e carícia, é batalha, sua linguagem é, finalmente, a blasfêmia[249].

O cerne do cisma, evidentemente, é um ser que pertence igualmente a ambas as linhagens; ser que elas disputam. Joás é constituído ao mesmo tempo pela confusão dos dois sangues e por sua divisão: esse paradoxo constitui o próprio ser do cisma. Nele, os dois sangues estão presentes em parcelas iguais, e é com razão que Josabeth se pergunta com angústia qual vai vencer, o sangue paterno ou o sangue materno[250]; evidentemente, trata-se de uma filiação arquetípica: depois que Joás é assimilado a seu pai Ocosias, a linhagem paterna se confunde com a ordem masculina (Davi, Josafá, Jorão), a linhagem materna, com a ordem das mulheres (Jezebel, Atalia), de tal maneira que este último conflito raciniano é um conflito mítico dos sexos.

----

249. ...*Dieu des Juifs, tu l'emportes!* (V, 6.)
    [...Deus dos judeus, venceste!]
250. *Qui sait...*
    *Si Dieu, le séparant d'une odieuse race,*
    *En faveur de David voudra lui faire grâce?* (I, 2.)
    [Quem sabe... / Se Deus, separando-o de uma odiosa raça, / Em favor de Davi desejará fazer-lhe graça?]

O problema, pois, consiste em saber se o filho do cisma pode pôr fim ao cisma, se o que é constituído pela divisão pode restaurar a unidade original, se, em conformidade com a vida, o uno pode germinar de dois contrários, em suma, se o paradoxo é viável. Racine manifesta a natureza problemática de Joás submetendo-o incessantemente à prova de identidade[251] (que, como se sabe, é a prova trágica por excelência): saído da noite e da morte[252], *quem é Joás?* A pergunta, apesar do desfecho aparente da tragédia, é por natureza sem resposta (a tragédia consiste justamente em escolher perguntas sem respostas, para alimentar de modo seguro o apetite pelo fracasso): sem dúvida, a entronização de Joás e o assassinato de sua mãe parecem transformá-lo definitivamente em filho do Pai, ou seja, em filho reconciliado com o Pai. Mas a profecia de Joade converte a falsa tragédia providencial em tragédia verdadeira: o triunfo do Pai será apenas o momento de uma eterna ambigüidade, o termo de uma divisão inexpiável; retomado pela Mãe no próprio momento em que ele a mata[253], Joás voltará à condição fratricida fundamental: ma-

---

251. *Je suis, dit-on, un orphelin...*
    *Et qui de mes parents n'eus jamais connaissance.* (II, 7.)
    [Sou – dizem – um órfão... / Que dos pais nunca teve conhecimento.]
252. *Une profonde nuit enveloppe sa race...* (III, 4.)
    *Tout Juda, comme vous, plaignant la destinée,*
    *Avec ses frères morts le crut enveloppé.* (IV, 3.)
    *...À l'aspect de ce roi racheté du tombeau!* (V, 1.)
    [Profunda noite envolve sua raça... / Toda Judá, como vós, lastimando o destino, / Com seus irmãos mortos acreditou-o envolvido.
    ...Diante do aspecto daquele rei resgatado do túmulo!]
253. *Voici ce qu'en mourant lui souhaite sa mère...* (V, 6.)
    [Eis o que, morrendo, a mãe lhe deseja...]

tará seu irmão Zacarias; e os versos alternados que o Coro lhe dedica (III, 8) o consagram finalmente como figura da divisão.

Existe em Racine, como se sabe, uma contradição entre ética e estética: o Bem, por ele escolhido, é uma abstração mesclada de conformismo; suas personagens aparentemente positivas são personagens tediosas, espécies de grandes máscaras vazias; o Mal, por ele condenado, é vivo; sob o negrume aparente, agitam-se nuances, tentações, arrependimentos, como se no herói negro viesse depositar-se o próprio núcleo da subjetividade raciniana. Esse contraste estético, na verdade, retoma uma contradição metafísica bem conhecida: Deus é vazio, mas é a ele que se deve obedecer. Do lado de Joade, ou seja, da legalidade triunfante, o ativo é sombrio e monótono: um Deus dos Combates, cujo perdão só é dado evasivamente; um sacerdote fanático e desleal[254], que incita abertamente ao assassinato[255]; um filho vingativo, cuja inteligência só é proporcional à sua crueldade nata; partidários consumados na arte da má-fé, virgens quando é preciso apiedar, soldados quando é preciso destruir. Parece até que o Pai só é onipotente por uma decisão absolutamente graciosa do filho.

Do lado da subversão, o quadro é totalmente diferente, há uma *estrutura* do Mal. Por exemplo, Joade é indefinido, não passa de pura petição de princípio; Matã, ao contrário, tem uma

---

**254.** Racine justificou a impostura de Joade referindo-se aos ardis de Jesus e São Lourenço, o que não impediu Voltaire de indignar-se violentamente.

**255.** *Dans l'infidèle sang baignez-vous sans horreur;*
*Frappez et Tyriens, et même Israélites.* (IV, 3.)
[No sangue infiel banhai-vos sem horror; / Feri tírios e mesmo israelitas.]

história, é definido pela relação de agressão que o une a Deus: sacerdote apóstata[256], rival vencido do sacrificador regular, seu ódio pelo Deus judeu é, acima de tudo, arrependimento por ter transgredido a Lei, provocado secessão, traído o Pai[257]. Como todos os excluídos racinianos, seu estatuto é triplo: fora da legalidade que rejeitou, o que ele encontra é só o vazio[258]; é o ódio que o faz viver; o mal o atrai em estado puro, cataclísmico[259].

Atalia também é uma inimiga pessoal do Deus judeu, vive com ele uma relação de alienação. Também é uma excluída: em face do mundo fechado da Legalidade, mundo completamente racista, ela é a Estrangeira[260]. Mas seu poder subversivo

..............................

256. *Mathan, de nos autels infâme déserteur...* (I, 1.)
    [Matã, de nossos altares infame desertor...]

257. *...et son impiété*
    *Voudrait anéantir le Dieu qu'il a quitté.* (I, 1.)
    [...e sua impiedade / Desejaria aniquilar o Deus por ele abandonado.]

258. *Ami, peux-tu penser que d'un zèle frivole*
    *Je me laisse aveugler par une vaine idole,*
    *Par un fragile bois que, malgré mon secours,*
    *Les vers sur son autel consument tous les jours?* (III, 3.)
    [Amigo, podes acreditar que com zelo frívolo / Eu me deixe cegar por um vão ídolo, / Por frágil madeira que, apesar de meus cuidados, / Os vermes no altar consomem todos os dias?]

259. *Heureux si, sur son temple achevant ma vengeance,*
    *Je puis convaincre enfin sa haine d'impuissance,*
    *Et parmi le débris, le ravage et les morts,*
    *A force d'attentats perdre tous mes remords!* (III, 3.)
    [Feliz se, em seu templo perpetrando minha vingança, / Eu puder demonstrar, enfim, que seu ódio é impotente, / E entre os escombros, a assolação e os mortos, / À força de atentados perder todos os meus remorsos!]

260. *...une impie étrangère*
    *Du sceptre de David usurpe tous les droits.* (I, 1.)
    *...Une impie étrangère*
    *Assise, hélas! au trône de tes rois...* (II, 9.)

vai muito mais longe do que a maldade maníaca de Matã: ela tem um verdadeiro poder sobre a natureza: pode transformar o nome das coisas[261], pode transformar-se de Rainha em Rei[262], ou seja, rivalizar com o sexo da linhagem contrária; ela é parteira, exploradora de segredos proibidos; não só tenta devassar a noite original da criança, extrair Eliacin de Joás e a aparência do ser, como também profana o Templo, ou seja, ela penetra mais exatamente o segredo cuja forma significante é o Templo[263]. Em suma, reúne todas as funções da anti-Natureza, mas por isso mesmo se abre para o mundo: ama a riqueza, sabe governar, pacificar e, se necessário, mostrar-se liberal, permitir a coexistência dos deuses inimigos; em suma, ela tem o senso do *imperium*[264]; sua largueza de visão política contrasta com o fanatismo do partido-sacerdote, do qual o Rei é totalmente produto e instrumento.

..........................

[...uma ímpia estrangeira / Do cetro de Davi usurpa todos os direitos.
...Uma ímpia estrangeira / Sentada, ai! No trono de teus reis...]

**261.** *L'audace d'une femme...*
*En des jours ténébreux a changé ces beaux jours.* (I, 1.)

[A audácia de uma mulher... / Em dias tenebrosos transformou aqueles belos dias.]

**262.** *Dans un des parvis, aux hommes réservé,*
*Cette femme superbe entre, le front levé...* (II, 2.)

*...cette reine éclairée, intrépide*
*Élevée au-dessus de son sexe timide...* (III, 3.)

[Em um dos átrios, aos homens reservado, / Essa mulher soberba entra, de fronte erguida...
...essa rainha esclarecida, intrépida / Elevada acima de seu sexo tímido...]

**263.** Os atos de abertura e de fechamento do Templo são a própria respiração da ação, assim como em *Bajazet*, a abertura e o fechamento do Serralho.

**264.** II, 5.

Mais que isso: ela conhece a inquietação[265], ou seja, a boa-fé; a liberdade do ser, também: ela pode *mudar*[266], voltar a ser mulher sob a ação de Eros (pois esse é realmente o elo que a une a Joás: um *encantamento*, uma fascinação de amor[267]). Na fidelidade, ela vê uma morte, sente-se prestes a transgredir enfim a Lei da vendeta; na tragédia, é ela que se aproxima da solução contratrágica: ao propor acolher a criança (exatamente como Pirro queria adotar Astianax), ela recomenda uma fusão livre dos dois sangues, a restauração justa de um universo dilacerado pelo cisma; das duas legalidades rivais ela quer fazer uma legalidade única e nova, converter o infanticídio em adoção, substituir a filiação *natural*, fonte de crimes, por uma filiação *escolhida*, penhor de reconciliação.

Sabe-se que Joade é a própria Recusa. Em face da *abertura* de Atalia, ele retorna asperamente para o círculo da vendeta, converte o assassinato da criança em assassinato da mãe, submete-se incondicionalmente à simetria, profetiza a geração infinita dos crimes e obriga a própria Atalia a retornar à lei do

...........................

265. *Cette paix que je cherche et qui me fuit toujours.* (II, 3.)
 [Essa paz que procuro e que sempre me foge.]
266. *Ami, depuis deux jours je ne la connais plus...* (III, 3.)
 [Amigo, há dois dias não a reconheço...]
267. *La douceur de sa voix, son enfance, sa grâce,*
 *Font insensiblement à mon inimitié*
 *Succéder...* (II, 7.)
 *Soit qu'elle eût même en lui vu je ne sais quel charme...* (III, 3.)
 [A doçura de sua voz, sua infância, sua graça, / Fazem, imperceptivelmente, que à minha inimizade / Suceda...
 Ou ela viu nele sabe-se lá que encanto...]

Sangue; por sua recusa, não somente Deus a repele para o mal ancestral, como também, sob os traços de sua mãe Jezebel a pune com o mais horrível dos aniquilamentos, a dispersão das carnes, dadas aos cães[268]. Esse é o preço que se deve pagar para dar, de acordo com a última palavra do teatro raciniano – ironia extrema! –, um "pai ao órfão".

...........................

**268.** *Dans son sang inhumain les chiens désaltérés,*
*Et de son corps hideux les membres déchirés...* (I, 1.)

*Mais je n'ai plus trouvé qu'un horrible mélange*
*D'os et de chairs meurtris et traînés dans la fange,*
*Des lambeaux pleins de sang et des membres affreux*
*Que des chiens dévorants se disputaient entre eux.* (II, 5.)

[Em seu sangue inumano os cães dessedentados, / E de seu corpo hediondo os membros dilacerados...

Mas encontrei apenas uma horrível mistura / De ossos e carnes rasgadas e arrastadas pela lama, / Farrapos cheios de sangue e membros horrendos / Que cães famintos disputavam entre si.]

## II. DECLAMAR RACINE

Parece que o público hoje consome Racine de maneira puramente antológica: em *Fedra*, o que se vai ver é a personagem Fedra e, mais que Fedra, a atriz: como se sairá? Sabe-se que os críticos de teatro costumam datar sua idade de acordo com as Fedras que viram. O próprio texto é recebido como um conjunto de materiais no qual o prazer faz sua escolha: versos felizes, tiradas célebres sobressaem sobre um fundo de obscuridade e tédio: é por esta atriz, estes versos, estas tiradas que se vai ao teatro; o resto é suportado em nome da cultura, em nome do passado, em nome de um sabor poético pacientemente esperado por ter sido identificado por séculos de mito raciniano[1]. O Racine público (não ouso dizer popular) é essa

...........................
**1.** *La fille de Minos et de Pasiphaé. – Si je la haïssais, je ne la fuirais pas. – Soleil, je te viens voir pour la dernière fois. – Ariane, ma soeur... – C'est Vénus tout entière*

mistura de tédio e festa, ou seja, essencialmente um espetáculo descontínuo.

Ora, a dicção raciniana, tal como se costuma praticar hoje em dia, da Comédia-Francesa ao TNP, agrada e ao mesmo tempo incomoda esse gosto do público. Agrada-lhe porque lhe apresenta um sentido descontínuo, bem de acordo com aquela vontade de antologia de que acabo de falar; e incomoda-o porque esse sentido fragmentário, antológico, é por ela recitado, ou seja, sustentado por uma respiração artificial. É como se a dicção raciniana fosse o resultado espúrio de um falso conflito entre duas tiranias contrárias, porém ilusórias: a clareza do detalhe e a musicalidade do conjunto, o descontínuo psicológico e o contínuo melódico. Donde o constrangimento perceptível dos atores e do público diante de um teatro que se quer tratar ao mesmo tempo como uma comédia psicológica e como um oratório.

No que se refere à dicção antológica do texto raciniano, lembrarei que isso é um elemento tradicional da estética burguesa: a arte burguesa é uma arte do detalhe. Baseada numa representação quantitativa do universo, ela acredita que a verdade de um conjunto só pode ser a soma das verdades parti-

...........................
    *à sa proie attachée. – Présente, je vous fuis, absente, je vous trouve. – Charmant, jeune, traînant tous les coeurs après soi. – À peine sortions-nous des portes de Trézène. – Etc.*
    [A filha de Minos e Pasífae. – Se eu a odiasse, não fugiria dela. – Sol, venho ver-te pela última vez. Ariadne, minha irmã... É Vênus inteira à sua presa agarrada. – Presente, fujo de vós; ausente, encontro-vos. – Encantador, jovem, arrastando todos os corações atrás de si. – Mal saídos das portas de Trezena.– Etc.]

culares que o constituem, que o sentido geral de um verso, por exemplo, é apenas a soma pura e simples das palavras expressivas que o compõem. Em conseqüência disso, atribui-se significação enfática à maior quantidade possível de detalhes: no fluxo da linguagem, o ator burguês interfere incessantemente, "destaca" uma palavra, suspende um efeito, dá sinais de que aquilo que está dizendo é importante, tem determinada significação oculta: a isso se chama *declamar* um texto.

Essa arte pontilhista baseia-se numa ilusão geral: não só o ator acredita que seu papel é correlacionar uma psicologia e uma lingüística, em conformidade com o preconceito inextirpável de que as palavras *traduzem* o pensamento, como também imagina essa psicologia e essa lingüística fragmentadas por natureza, compostas de elementos descontínuos que se correspondem de uma ordem à outra antes de se corresponder entre si: para ele, cada palavra se torna uma tarefa precisa (e que trabalho ele tem), quer a todo custo manifestar uma analogia entre a substância musical e o conceito psicológico. Essa analogia, falsa, só pode ser expressa por um meio bem pobre: acentuam-se certas palavras. Mas, é claro, esse acento já não é musical, é puramente intelectivo: o que se põe em relevo é um sentido; o ator declama seu Racine mais ou menos como um escritor sublinha ou grifa certas palavras de seu texto, procedimento didático, mas não estético.

Essa fragmentação das significações tem o objetivo de mastigar, de algum modo, o trabalho intelectual do ouvinte: o ator se acredita encarregado de pensar por ele. Entre o ator trágico burguês e seu público há uma relação singular de autoridade, que talvez pudesse receber uma definição psicanalítica: o público é como uma criança, o ator é seu substituto materno, corta-lhe o alimento e oferece-lhe comida picada, e o outro a consome passivamente. Essa é uma relação geral que se encontra em muitas outras artes, além do teatro. Por exemplo, em música, é o *rubato*, também este uma expressividade enfática do detalhe, a substituição do sentido geral pelo sentido particular, do consumidor pelo intérprete. Pode-se dizer que a dicção raciniana, na maioria das vezes, é tiranizada pela preocupação com o *rubato*. E, assim como o *rubato*, com sua indiscrição, destrói o sentido natural do texto musical, na dicção raciniana a significação excessiva do detalhe destrói a significação natural do conjunto: em última análise, esse Racine mastigado pelo ator se torna ininteligível, pois a soma de detalhes excessivamente claros produz um conjunto obscuro: também em arte, uma lei dialética dita que o todo não é a soma pura e simples das partes.

A ênfase no detalhe tem uma conseqüência ainda mais infeliz: deforma a comunicação dos atores entre si. Preocupado em valorizar seu texto detalhe após detalhe, o ator já não se dirige a ninguém, exceto a algum deus tirânico da Significação. Por mais que os atores se olhem, não se falam; não se sabe a quem Fedra ou Hipólito falam de seu amor. O mais grave, porém, é que não falam dele a si mesmos; em geral, a peça que nos apresentam não é francamente nem uma comédia dramática (na qual as personagens se definem por uma interpelação verdadeira), nem um poema lírico (no qual a voz expressa sonhadoramente uma profundeza). É como se o ator lutasse, não consigo mesmo ou com outros homens, mas com uma espécie de língua obscura, e sua única tarefa fosse torná-la um pouco inteligível. A interpretação raciniana ainda não atingiu um estado adulto: é um exercício desvairado de tradução, e não a manifestação de relações humanas.

No caso de Racine, essa hipertrofia da significação parcelar é extremamente desconcertante para o ator que a escolhe; pois, se ele quiser se submeter ao mito raciniano, deverá conformar-se ao mesmo tempo à clareza do detalhe e à musicalidade do conjunto, ao mesmo tempo pulverizar o texto numa miríade de efeitos significantes e interligá-lo numa melodia geral. Todos sabem como é sagrada a idéia da música raciniana; deve-se lastimar o ator tiranizado por esse fantasma realmente inapreensível, que o obriga a sustentar os versos, cantar as vogais, vibrar os finais, enfim, orquestrar seu discurso como se ele fosse uma partitura.

Também nesse caso, o vício decorre de um excesso de escrúpulo. A arte clássica é musical; mas nela a música é assumida por uma técnica perfeitamente definida: o alexandrino. O alexandrino clássico esgota claramente toda a música da linguagem, e constitui uma indiscrição análoga à do *rubato* acrescentar-lhe uma música secreta, que viesse do ator, e não dos dados, digamos, científicos do verso. E, visto que o alexandrino é definido tecnicamente como uma função musical, não é preciso declamá-lo musicalmente; ele não convida o ator à música; ao contrário, exime-o dessa responsabilidade. Pode-se dizer, no limite, que o alexandrino dispensa o ator de ter talento. Assim como em todo teatro codificado, a regra substitui claramente a subjetividade; a técnica substitui a expressão. Há muitas relações entre o rigor da regra clássica e a sintaxe imperativa dos símbolos gestuais e indumentários no teatro oriental: ambas estão lá para *esgotar* o ator, para substituir sua inspiração pelo seu saber[2]: pode-se imaginar um ator chinês que combinasse indiscretamente o respeito pela simbólica ancestral com uma expressividade pessoal extraída de nosso naturalismo? Em todas as artes nas quais a técnica funciona sistematicamente como expressão, o talento do ator só pode ser o conhecimento perfeito dessa técnica e a consciência de seu fim (nos dois sentidos de limite e objetivo): um ator raciniano que soubesse o que é o alexandrino não deveria cantá-lo: o alexandrino canta sozinho se deixado livre, livre para manifestar sua essência de alexandrino.

Esses problemas são importantíssimos porque, numa linguagem tão "distante" quanto a da tragédia clássica, a escolha da dicção domina de longe a escolha da interpretação: poderíamos dizer que já não há necessidade de interpretar Racine depois que se escolheu o modo de "declamá-lo"; ou, mais exatamente: uma dicção "distante" acarretaria naturalmente uma

---

2. O alexandrino, evidentemente, é uma técnica de distanciamento, ou seja, de separação voluntária entre significante e significado. O que me parece um verdadeiro contra-senso é nossos atores se esforçarem o tempo todo por reduzir essa distância e por fazer do alexandrino uma linguagem *natural*, quer o tornando prosaico, quer, ao contrário, musical. Mas a verdade do alexandrino não é destruir-se nem sublimar-se: ela está em sua distância.

interpretação trágica. Pessoalmente, foi essa a lição que tirei da *Fedra* do TNP[3], na qual se pode dizer, *grosso modo*, que os dois estilos se defrontam. Por isso, falar da interpretação de Maria Casarès (Fedra) e da de Cuny (Teseu) é sempre opor a dicção naturalista à dicção trágica.

Maria Casarès arriscou muito e perdeu muito na Fedra do TNP. Mas o que se deve dizer em primeiro lugar é que nada garante que Fedra seja um bom papel; ou melhor, é um papel de coerência incerta, é um papel dividido, ao mesmo tempo psicológico (à maneira das "apaixonadas" racinianas, Hermíone ou Roxana) e trágico (entendo por papel trágico aquele em que a comunicação com os deuses é determinante): Fedra é ora culpada (o que faz parte da tragédia propriamente dita), ora ciumenta (o que faz parte de uma psicologia mundana). Essa mescla demonstra o caráter ambíguo do último teatro raciniano, em que o elemento trágico disputa o tempo todo e de um modo inarmonioso com o elemento psicológico, como se Racine nunca tivesse conseguido escolher entre a tragédia rigorosa que ele nunca escreveu, mas cujos rastros atormentados ele deixou na maioria de suas peças, e a comédia dramática burguesa que ele fundou para os séculos seguintes, e cujos exemplos agora perfeitamente acabados são *Andrômaca* e *Ifigênia*.

O certo é que, na seqüência do teatro raciniano, a importância de Deus (ou dos Deuses) vai crescendo: o Deus raciniano existe cada vez mais forte porque é cada vez mais odiado. Em

---

**3.** Palais de Chaillot, 1958, direção de Jean Vilar.

certo sentido, Fedra é um dos últimos testemunhos desse ódio, e nisso se comunica com os Deuses que a oprimem e destroem (Vênus), mas, ao mesmo tempo, ainda é (em relação a Andrômaca) e já é (em relação a todas as heroínas do teatro burguês) uma apaixonada ciumenta e intrigante; por um lado, sua desdita é prova do Destino, ela é apaixonada sem liberdade, como na tragédia antiga; mas, por outro, essa desdita é de algum modo assumida por uma atividade (e não apenas por uma consciência): Fedra *fabrica* seu destino, *faz* (intriga), sob a pressão de Enona, que, como toda confidente, representa o espírito antitrágico. Aliás, em outro plano, encontra-se a mesma ambigüidade, a mesma impureza estética: *Fedra* é uma tragédia do segredo, mas é também uma peça de amor. Esse enfraquecimento da tragédia era inevitável a partir do momento em que Racine fazia de Hipólito um apaixonado, contrariando a fábula antiga.

Portanto, é difícil representar Fedra, por ser uma personagem dividida: não psicologicamente, mas esteticamente. Maria Casarès representou a fundo um dos elementos, o elemento psicológico, e, creio, foi nisso que ela se enganou; sua interpretação é essencialmente racionalista, no sentido de que ela representa a paixão como uma doença, não como um destino; evidentemente, em seu papel já não há nenhuma comunicação com os deuses. Mas, ao mesmo tempo – e aí está o que para a nossa grande crítica pareceu uma falha lamentável –, esse amor-doença não tem nenhuma substância, visto que nele a paixão é dada apenas como a própria consciência de sua estranheza: nunca se vê a relação que une Fedra a Hipólito; vê-se Fedra apaixonada, mas não apaixonada por Hipólito, porque a Fedra de Maria Casarès nunca faz outra coisa senão pensar-se. Em suma, o paradoxo infeliz dessa interpretação é fazer de Fedra aquilo que se poderia chamar de *consciência histérica*, o que deveria desagradar a todos, e não deixou de fazê-lo: pois a histeria devia afastar os partidários da distância trágica (e não patológica) entre Fedra e sua paixão, uma vez que Maria Casarès representa Fedra como se estivesse pessoalmente implicada; e seu caráter reflexivo deveria decepcionar profundamente os amantes da paixão substancial e imediata.

Como anarquia total, a montagem de Vilar prejudicou muito Maria Casarès, pois, se existe um papel de que o diretor precisa cuidar pessoalmente, esse papel é o de Fedra, em razão da divisão estética de que falei há pouco. O papel de Teseu, ao contrário, não apresenta nenhum obstáculo natural, e pode-se dizer que faz parte da índole desse papel tirar proveito de uma encenação invisível. Isso porque Teseu é *aquele que aparece*, sua essência é o aparecer, pois seu aparecimento basta para modificar as relações humanas. A simplicidade é constitutiva do papel de Teseu, assim como a divisão o é do papel de Fedra. Não obstante, o sucesso de Cuny se deve a um poder pessoal: ele passou na prova decisiva do teatro raciniano, que é a "dicção". Esse sucesso decorre de duas desmistificações: Cuny não fragmenta o sentido, não canta o alexandrino; sua dicção é definida por um *estar-ali* puro e simples da fala.

Na tragédia clássica, o discurso é definido por uma enorme desproporção entre o significado e os significantes. Uma tirada, por exemplo, só existe semanticamente por três ou quatro articulações capitais, como se a linguagem trágica tivesse de manifestar principalmente mudanças de atitudes, mais do que as próprias atitudes. Cuny parece ter entendido que o discurso trágico caminha por avanços de grandes planos imóveis, patamares[4]; ele não "destaca" as palavras, as inflexões, as entonações; só intervém em seu próprio discurso para manifestar claramente suas maiores mudanças. Em resumo, sua dicção é *massiva* (ou seja, ela avança por massas).

Essa massividade produz dois efeitos sobre o fundo: em primeiro lugar, o discurso raciniano se torna plenamente inteligível, as obscuridades da língua, as contorções sintáticas impostas pela métrica desaparecem sob a proporção massiva das intenções. Além disso, e principalmente, a psicologia é distanciada: Teseu não é o marido traído de uma mulher adúltera (termos que ameaçam o tempo todo qualquer interpretação do teatro raciniano); ele é essencialmente uma função trágica, aquele graças a quem o segredo existe, por quem este é desvendado, o centro fixo (mesmo – e sobretudo – ausente) de um tropismo geral de culpabilidade. O Teseu de Cuny está realmente em relação com os deuses, é realmente um ser ctônico, que conheceu os mortos, espécie de animal enorme e pensativo que volta para a "psicologia" de sua família (paixões, mentiras, remorsos e gritos) um olhar que voltou do além-terra. Por

---

4. A explicação textual, tal como praticada em nosso ensino, consiste precisamente em definir esses patamares, ou seja, em extrair de um grande número de significantes o significado único neles oculto.

| *Declamar Racine* |

isso mesmo, a tragédia é finalmente criada. Pois os deuses são a própria determinação do trágico: para representar o trágico, é preciso e bastante agir como se os deuses existissem, como se tivessem sido vistos, como se com eles se tivesse falado: mas, nesse caso, é enorme a distância entre o ator e aquilo que ele diz!

Diante de todos esses problemas, de todas essas dificuldades, de todas essas impossibilidades até, Vilar visivelmente lavou as mãos. Parece até que ele optou pela política do pior: *Racine não é teatro, e vou provar isso*. Mas, ao *deixar acontecer*, Vilar não poderia ignorar que a *Fedra* que se elaboraria sem ele não seria de modo algum uma *Fedra* negativa, a prova de uma impossibilidade, mas, ao contrário, uma *Fedra* carregada de todos os preconceitos passados. A punição de Vilar não está nas restrições de uma crítica que deve ter confirmado a rejeição dele a Racine, há muito tempo professada, está na passividade de seu público, que aplaudiu uma encenação sem assinatura. Pôncio Pilatos não é um senhor que não diz sim nem não, é um senhor que diz sim; lavando as mãos, Vilar disse sim a todo o mito Racine: nessa encenação irresponsável, reconhecemos os bons e velhos atributos alegóricos: cortinas escuras, trono padrão, véus, plissados, coturnos de uma Antiguidade revista como sempre pela alta costura parisiense; falsas posturas, braços erguidos, olhares ferozes da Tragédia. Pois existe um velho fundo folclórico raciniano, tal como existe um cômico de caserna; é a esse fundo que cada ator, se entregue à própria sorte, vai naturalmente recorrer: a montagem de Vilar nada mais é do que essa permissão.

No entanto, é no mito Racine que está o perigo. Sua história ainda não foi escrita; sabe-se apenas que ele data de Voltaire;

pode-se supor que é um mito historicamente burguês, e hoje se percebe que crítica e público continuam dando-lhe caução. Racine, sem dúvida, é um autor muito impuro, barroco, poderíamos dizer, no qual elementos de tragédia verdadeira se misturam sem nenhuma harmonia com os germes já bem vivazes do futuro teatro burguês; sua obra é asperamente dividida, esteticamente irreconciliada; em vez de ser o ápice radiante de uma arte, ela é o protótipo de uma obra-transição, em que morte e nascimento lutam entre si. Está claro que o mito Racine é essencialmente uma operação de segurança: trata-se de domesticar Racine, de lhe subtrair a parcela trágica, identificá-lo conosco, de nos encontrarmos com ele no salão nobre da arte clássica, mas *em família*; trata-se de dar aos temas do teatro burguês um estatuto eterno, de lançar ao crédito do teatro psicológico a grandeza do teatro trágico, que na origem – não se deve esquecer – era puro teatro cívico: a eternidade substitui aqui a Pólis.

Não sei se é possível representar Racine hoje em dia. Em cena, esse teatro talvez esteja praticamente morto. Mas, se for para tentar, é preciso fazê-lo com seriedade, é preciso ir até o fim. A primeira ascese só pode ser a de varrer o mito Racine, seu cortejo alegórico (Simplicidade, Poesia, Música, Paixão etc.); a segunda é renunciar a nos procurarmos nesse teatro: o que nele se encontra de nós não é a melhor parte, nem de Racine, nem de nós. Assim como ocorre com o teatro antigo, esse teatro nos diz respeito muito mais e muito melhor por sua estranheza do que por sua familiaridade: sua relação conosco é sua distância. Se quisermos ficar com Racine, precisamos afastá-lo.

# III. HISTÓRIA OU LITERATURA?

Antigamente, na Radiodiffusion française* havia um programa ingênuo e comovente: comovente, porque queria sugerir ao grande público que não há apenas uma história da música, mas também relações entre a história e a música; ingênuo, porque essas relações pareciam esgotar-se numa simples data. Dizia-se: "1789: *Convocação dos Estados Gerais, retorno de Necker, concerto n.º IV, em dó menor, para cordas, de B. Galuppi*", sem que se soubesse se o autor do programa queria nos convencer de que existia uma relação analógica entre o retorno de Necker e o concerto de Galuppi, ou sugerir que ambos faziam parte de um mesmo conjunto causal, ou, ao contrário, nos alertar para uma coexistência espinhosa, como se devesse nos fazer medir toda a dessemelhança entre um concerto e uma

..........................
\* Emissora pública de rádio criada em 1945.

revolução; a não ser que a intenção fosse revelar-nos perfidamente, sob um colorido histórico, a desordem das produções estéticas, a vanidade da história total, permitindo que falasse por si mesmo o ridículo de um método que faz um paralelo entre a derrota naval de la Hougue e as sonatas de Corelli, a eleição do presidente Doumer e os *Cris du monde* de Honegger.

Mas deixemos de lado esse programa; em sua ingenuidade, ele apenas põe o grande público do Rádio diante daquele velho problema das relações entre a história e a obra de arte, que tanto se debate, de modo mais ou menos feliz e com refinamentos diversos, desde que existe uma filosofia do tempo, ou seja, desde o século passado. Vejamos dois continentes: por um lado, o mundo, sua profusão de fatos – políticos, sociais, econômicos, ideológicos; por outro, a obra, aparentemente solitária, sempre ambígua porque se presta ao mesmo tempo a várias significações. O sonho, evidentemente, seria que esses dois continentes tivessem formas complementares, que, apesar de distantes no mapa, pudessem ser aproximados, encaixados um no outro por meio de uma translação ideal, mais ou menos como Wegener reuniu a África e a América. Infelizmente, não passa de sonho: as formas resistem ou – o que é pior – não mudam no mesmo ritmo.

A bem da verdade, até agora, esse problema só foi dado como resolvido à luz das filosofias constituídas, as de Hegel, Taine e Marx. Fora dos sistemas, mil abordagens de um saber e de uma engenhosidade admiráveis, mas, ao que parece, como derradeiro pudor, sempre fragmentárias, pois o historiador da literatura encerra o assunto assim que se aproxima da história verdadeira: de um continente ao outro, trocam-se alguns sinais, ressaltam-se algumas conivências. Mas, no essencial, o estudo de cada um desses dois continentes se desenvolve de maneira autônoma: as duas geografias não se comunicam bem.

Quando se tem uma história da literatura (seja ela qual for, não estamos estabelecendo uma lista dos melhores, estamos fazendo uma reflexão sobre um estatuto), de história ela só tem o nome: é uma seqüência de monografias, cada uma das quais, com poucas diferenças, delimita um autor e o estuda por ele mesmo; nesse caso, a história é apenas sucessão de indivíduos; em suma, não é uma história, é uma crônica; está claro que existe esforço de generalização (cada vez maior), incidente sobre gêneros ou escolas, mas ele sempre se restringe à literatura em si mesma, é uma reverência feita de passagem à transcendência histórica, um *hors-d'oeuvre* do prato principal: o autor. Toda história literária nos remete assim a uma seqüência de críticas fechadas: não há diferença alguma entre história e crítica; sem abalos metódicos, é possível passar do *Racine* de Thierry Maulnier ao capítulo de A. Adam sobre Racine, em sua *Histoire de la littérature française au XVII<sup>e</sup> siècle* [História da literatura francesa no século XVII]: o que muda é a linguagem, não o ponto de vista; em ambos os casos, tudo parte de Racine e se irradia de maneira diferente, no primeiro caso em direção a uma poética, no segundo em direção a uma psicologia trágica: na melhor das hipóteses, a história literária é sempre a história das obras.

Poderia ser diferente? Em certa medida, sim: é possível uma história literária, fora das obras (voltarei a isso em breve). Mas, de qualquer maneira, a resistência geral dos historiadores da literatura a passar, precisamente, da literatura para a história nos dá a seguinte informação: há um estatuto particular da criação literária; não só não se pode tratar a literatura como qualquer outro produto histórico (coisa que ninguém acredita ser razoável), como também essa especialidade da obra contradiz em certa medida a história, em suma, a obra é essencialmente paradoxal, é ao mesmo tempo signo de uma história e resistência a essa história. É esse paradoxo fundamental que aparece de maneira mais ou menos lúcida em nossas histórias da literatura; todos percebem perfeitamente que a obra escapa, que ela é *coisa diferente* de sua história, soma de suas fontes, influências ou modelos: um cerne duro e irredutível na massa indecisa de acontecimentos, condições e mentalidades coletivas; por isso nunca dispomos de uma história da literatura, mas apenas de uma história das literaturas. Em suma, na literatura, há duas postulações: uma histórica, uma vez que a literatura é instituição; outra psicológica, uma vez que ela é criação. Portanto, para estudá-la, é preciso que haja duas disciplinas diferentes em termos de objeto e de método; no primeiro caso, o objeto é a instituição literária, e o método é o método histórico em seus mais recentes desenvolvimentos; no segundo caso, o objeto é a criação literária, e o método é a investigação psicológica. Cabe dizer de imediato que essas duas disciplinas não têm o mesmo critério de objetividade; e todo o mal de nossas histórias literárias consiste em tê-las confundido, atulhando sempre a criação literária com fatos miúdos oriundos da história e misturando

| *História ou literatura?* |

ao escrúpulo histórico mais exigente postulados psicológicos contestáveis por definição[1]. Diante dessas duas tarefas, aqui só pediremos um pouco de ordem.

Não cabe exigir da história mais do que ela pode dar: a história nunca dirá o que está ocorrendo com um autor no momento em que ele escreve. Seria mais eficaz inverter o problema e perguntar o que uma obra nos fornece de seu tempo. Portanto, cabe decididamente tomar a obra como um documento, vestígio particular de uma atividade, da qual nos interessa por ora apenas a vertente coletiva; vejamos em poucas palavras o que poderia ser uma história, não da literatura, mas da função literária. Para esse exame, dispomos de um guia cômodo, embora claramente apressado: algumas observações de Lucien Febvre, transcritas por Claude Pichois, numa contribuição para o problema que nos interessa[2]. Bastará confrontar os pontos desse programa histórico com alguns trabalhos recentes da crítica raciniana, uma das mais vivazes que existem (já se disse que em matéria de literatura, história e crítica ainda estavam fundidas), para discernir lacunas gerais e definir tarefas.

...........................

1. Marc Bloch já dizia a propósito de alguns historiadores: "Quando a questão é saber se um ato humano realmente ocorreu, eles nunca acham que foram suficientemente escrupulosos na pesquisa. Quando precisam passar às razões desse ato, ficam satisfeitos com a mínima aparência, geralmente fundamentada num daqueles apotegmas de psicologia banal, que não são nem mais nem menos verdadeiros que seus contrários" (*Métier d'historien*, p. 102).
2. Cl. Pichois, "*Les cabinets de lecture à Paris durant la première moitié du XIX$^e$ siècle*" [Os gabinetes de leitura em Paris durante a primeira metade do século XIX], *Annales*, jul.–set. 1959, pp. 521-34.

O primeiro desejo de Lucien Febvre é um estudo do meio. Apesar de sua voga crítica, a expressão parece incerta. Em se tratando do grupo humano restrito que cerca o escritor, em que cada membro é mais ou menos conhecido (pais, amigos, inimigos), o meio de Racine foi freqüentemente descrito, pelo menos em seus aspectos circunstanciais; pois os estudos de meio em geral não passaram de resenhas de biografias menores, história anedótica de alguns conhecidos, ou melhor, de algumas "brigas". Mas, se concebermos o meio de um escritor de maneira mais orgânica e anônima, como lugar de usos intelectuais, tabus implícitos, valores "naturais", interesses materiais de um grupo de pessoas associadas realmente por funções idênticas ou complementares, em suma, como uma parcela de classe social, veremos que os estudos serão bem mais raros. No essencial de sua carreira, Racine participou de três meios (freqüentemente, de dois ao mesmo tempo): Port-Royal, a Corte e o Teatro; sobre os dois primeiros ou, mais exatamente, sobre a intersecção deles (e é isso o que conta para Racine), temos o estudo de Jean Pommier sobre o meio jansenista e social da condessa de Gramont; por outro lado, conhecemos a análise, ao mesmo tempo social e ideológica, que Lucien Goldmann fez da ala "direitista" do jansenismo. Sobre o meio teatral, que eu saiba, são poucas as informações, a não ser anedóticas, sem nenhuma síntese; neste, mais do que nunca, o fato biográfico eclipsa o fato histórico: Racine teve uma filha com a atriz Du Parc? Esse problema dispensa de examinar os usos do meio teatral e, com mais razão, de procurar seus significados históricos. Cabe mostrar de imediato o vício desse balanço numericamente modesto: a extrema dificuldade de atingir a generalidade de um meio através de uma obra ou de uma vida; assim que se pede certa consistência ao grupo estudado, o indivíduo recua; em última análise, ele pouco é necessário, quando não atrapalha. Em seu *Rabelais*, L. Febvre realmente teve em vista um meio; Rabelais é central? De jeito nenhum; antes, é um ponto de partida polêmico (sendo a polêmica o demônio socrático de L. Febvre), o pretexto passional para retificar uma interpretação moderna demais do ateísmo no século XVI; enfim, um cristalizador. Mas, quando se dá atenção demais ao autor, quando o gênio é observado com complacência excessiva, todo o meio se dissipa em anedotas, em "passeios" literários[3].

Sobre o público de Racine (segundo ponto do programa de L. Febvre), há muitas observações incidentes, números valiosos, o que é compreensível (especialmente em Picard), mas nenhuma síntese recente, e o fundo da questão continua misterioso. Quem ia ao espetáculo? Segundo a crítica raciniana, Corneille (escondido num camarote) e M$^{me}$ de Sévigné. Quem mais? A corte e a cidade, o que era isso exatamente? E mais ainda que a configuração social desse público, o que nos interessaria seria a própria função do teatro para ele: distração? sonho? identificação? distância? esnobismo? Qual era a dose de todos esses elementos? Uma simples comparação com públicos

---

3. Por mais discutível que seja seu *Port-Royal*, Sainte-Beuve teve o espantoso mérito de descrever um meio verdadeiro, onde nenhuma figura é privilegiada.

mais recentes suscita verdadeiros problemas históricos. Conta-se, de passagem, que *Berenice* teve grande sucesso em termos de lágrimas arrancadas. Mas quem ainda chora no teatro? Seria desejável que as lágrimas de *Berenice* dessem informações tanto sobre quem as derramou quanto sobre quem as provocou, que alguém nos escrevesse uma história das lágrimas, que a partir dela, incorporando pouco a pouco outros traços, descrevesse toda uma afetividade da época (ritual ou realmente fisiológica?), exatamente à maneira como Granet reconstituiu as manifestações do luto na China clássica. Assunto milhares de vezes indicado, mas ainda nunca explorado, mesmo em se tratando do século-vedete de nossa literatura.

Outro objeto histórico (indicado por L. Febvre): a formação intelectual desse público (e de seus autores). Ora, as indicações que nos dão sobre a educação clássica são esparsas, não possibilitam reconstituir o sistema mental suposto por toda e qualquer pedagogia. Dizem-nos, sempre de passagem, que a educação jansenista era revolucionária, que se ensinava grego, que as aulas eram dadas em francês etc. Não será possível avançar mais, seja em termos de detalhes (por exemplo, a "vivência" de uma aula), seja na profundidade do sistema, seus contatos com a educação corrente (pois o público de Racine não era todo jansenista)? Em suma, não será possível tentar uma história, ainda que parcial, do ensino francês? Em todo caso, a lacuna é especialmente perceptível no plano dessas histórias literárias, cujo papel seria, precisamente, dar informações sobre tudo aquilo que, no autor, não é o próprio autor. Na verdade, a crítica das fontes mostra-se de um interesse insignificante ao lado do estudo do verdadeiro meio formador, o do adolescente.

Talvez uma bibliografia exaustiva fornecesse sobre todos esses pontos o essencial daquilo que perguntamos. Digo apenas que chegou a hora da síntese, mas que essa síntese nunca poderá ser feita nos moldes atuais da história literária. Por trás dessas lacunas, há um vício que, embora seja apenas de ponto de vista, e não de informação, não deixa de ser fundamental: o privilégio "centralizador" atribuído ao autor. É sempre Racine que intima a história a comparecer diante dele, em torno dele; não é a história que cita Racine. As causas disso, pelo menos as materiais, são claras: os trabalhos racinianos são essencialmente trabalhos acadêmicos; portanto, não podem transgredir, a não ser lançando mão de subterfúgios limitados, os quadros do ensino superior: de um lado, a filosofia; de outro, a história; mais adiante, a literatura; entre essas disciplinas, intercâmbios cada vez mais numerosos e reconhecidos; mas o objeto da pesquisa continua previamente determinado por um quadro ultrapassado, cada vez mais contrário à idéia que as novas ciências humanas fazem do homem[4]. As conseqüências são graves: ao se focalizar o autor, ao se fazer do "gênio" literário o próprio foco da observação, relegam-se para zonas nebulosas e longín-

...........................
4. É evidente que os moldes do ensino acompanham a ideologia de seu tempo, mas com atrasos variáveis; no tempo em que Michelet começava a lecionar no Collège de France, o recorte, ou melhor, a confusão das disciplinas (especialmente filosofia e história) estava bem perto da ideologia romântica. E hoje? O molde explode, o que pode ser visto por alguns sinais: união das Ciências Humanas às Letras no nome da nova Faculdade, ensino da École des Hautes Études.

quas os objetos propriamente históricos; estes são tocados apenas por acaso, de passagem; no melhor dos casos, são assinalados, deixando-se a outros o trabalho de tratar deles, um dia; o essencial da história literária fica assim ao desamparo, abandonado ao mesmo tempo pelo historiador e pelo crítico. Parece que em nossa história literária, o homem, o autor, ocupa o lugar do acontecimento na história historicizante: apesar de ser fundamental conhecê-lo em outro plano, ele obstrui toda a perspectiva; verdadeiro em si, induz a uma visão falsa.

Sem falarmos dos assuntos desconhecidos, vastas terras à espera de colonos, vejamos um já otimamente desbravado por Picard: a condição do homem de letras na segunda metade do século XVII. Partindo de Racine, obrigado a limitar-se a ele, Picard só pôde dar uma contribuição a esse estudo; a história, para ele, ainda é fatalmente material de um retrato; ele examinou o assunto em profundidade (seu prefácio é categórico nesse ponto), mas ainda não passa de terra prometida; obrigado pela primazia do autor a dispensar tanta atenção ao caso dos Sonetos quanto aos proventos de Racine, Picard obriga seu leitor a procurar aqui e ali a informação social cujo interesse ele bem percebeu; apesar disso, só nos dá informações sobre a condição de Racine. Mas ela será realmente exemplar? E os outros, inclusive e sobretudo os escritores menores? De nada adiantou Picard rejeitar o tempo todo a interpretação psicológica (Racine era um "arrivista"?), pois o tempo todo a pessoa de Racine volta e o atrapalha.

Em torno de Racine, restam muitas outras atitudes por explorar, as mesmas que constituíam o último ponto do programa de L. Febvre: aquilo que se poderia chamar de fatos de mentalidade coletiva. Alguns racinianos bem informados os indicaram de passagem, desejando que um dia, bem além de Racine, eles sejam explorados. Jean Pommier reivindica uma história do mito raciniano que, como se pode facilmente imaginar, lançaria luzes preciosas à psicologia – digamos para simplificar – burguesa, de Voltaire a Robert Kemp. A. Adam, R. Jasinski e J. Orcibal chamam a atenção para o gosto, para o uso, por assim dizer institucional, da alegoria no século XVII: fato típico de mentalidade coletiva, na minha opinião mais importante do que a verossimilhança das próprias chaves. E novamente Jean Pommier reivindica uma história da imaginação no século XVII (em especial, do tema da metamorfose).

Percebe-se que não faltam tarefas para essa história literária, cujas obrigações aqui avaliamos. Vejo outras, sugeridas pela simples experiência de leitor. Por exemplo: não dispomos de nenhum trabalho moderno sobre a retórica clássica; em geral, relegamos as figuras de pensamento a um museu do formalismo pedante, como se elas não tivessem existido a não ser em alguns tratados de Padres Jesuítas[5]; Racine, porém, está repleto delas, ele que é considerado o mais "natural" de nossos poetas. Ora, através dessas figuras de retórica, a linguagem impõe todo um recorte do mundo. Isso é da alçada do estilo? Da língua? Nem de um nem de outra; trata-se, na verdade, de uma verdadeira instituição, de uma *forma* do mundo, tão importan-

---

5. Ver, por exemplo, o do Padre Lamy, *La Rhétorique ou l'Art de parler* (1675).

te quanto a representação histórica do espaço nos pintores: infelizmente, a literatura ainda está esperando seu Francastel.

Há também uma indagação que não vejo em nenhum lugar (nem mesmo no programa de Febvre), a não ser nos filósofos, o que decerto basta para desacreditá-la perante o historiador literário: *o que é literatura?* O que se pede é apenas uma resposta histórica: o que era a literatura (a palavra, aliás, é anacrônica) para Racine e seus contemporâneos, que função exata lhe era confiada, que lugar ocupava na ordem dos valores etc.? A bem da verdade, parece difícil empreender uma história da literatura sem começar interrogando o seu próprio ser. Além do mais, o que pode ser, literalmente, uma história da literatura, senão a história da própria idéia de literatura? Ora, essa espécie de *ontologia* histórica, que versa sobre um dos valores menos naturais que existem, não é encontrada em lugar nenhum. E essa lacuna nem sempre parece inocente: se perquirimos minuciosamente os acidentes da literatura, é porque sua essência não deixa dúvidas; escrever parece, em suma, tão natural quanto comer, dormir ou reproduzir-se, não merece história. Por isso, em tantos historiadores literários, frases inocentes, inflexões de juízo, silêncios, destinados a nos demonstrar o seguinte postulado: devemos decifrar Racine, não em função de nossos próprios problemas, mas pelo menos sob o olhar de uma literatura eterna, da qual podemos e devemos discutir os modos de aparecimento, mas não o próprio ser.

Ora, o ser da literatura recolocado na história já não é um ser. Dessacralizada, mas, na minha opinião, ainda mais rica, a

| *História ou literatura?* |

literatura volta a ser uma daquelas grandes atividades humanas, de forma e função relativas, cuja história Febvre nunca parou de reivindicar. Portanto, é apenas no nível das *funções* literárias (produção, comunicação, consumo) que a história pode situar-se, e não no nível dos indivíduos que as exerceram. Em outras palavras, a história literária só é possível se sociológica, se interessada nas atividades e nas instituições, e não nos indivíduos[6]. Percebe-se a que história nos leva o programa de Febvre: ao exato oposto das histórias literárias que conhecemos; nela se encontrariam os mesmos materiais, pelo menos em parte, mas a organização e o sentido seriam contrários: os escritores só seriam considerados como participantes de uma atividade institucional que os supera individualmente, tal como nas chamadas sociedades primitivas o feiticeiro participa da função mágica; essa função, não sendo fixada em nenhuma lei escrita, só pode ser apreendida através dos indivíduos que a exercem; no entanto, somente a função é objeto de ciência. Trata-se, pois, de obter da história literária que conhecemos uma conversão radical, análoga à que possibilitou passar das crônicas régias à história propriamente dita. Completar nossas crônicas literárias com alguns ingredientes históricos novos – aqui uma fonte inédita, ali uma biografia reformulada – de nada serviria: o que deve explodir é o molde, e o objeto, converter-se. Amputar o indivíduo da literatura! Percebe-se a ruptura, o paradoxo até. Mas uma história da literatura só é possível a esse preço; de

---

**6.** Ver I. Meyerson, *Les Fonctions psychologiques et les Oeuvres*, Paris, Vrin, 1948, 223 p.

um modo mais preciso, conduzida necessariamente para seus limites institucionais, a história da literatura será pura e simplesmente história[7].

Deixemos de lado agora a história da função para abordar a da criação, que é o objeto constante das histórias literárias de que dispomos. Racine parou de escrever tragédias depois de *Fedra*. É um fato; mas esse fato remeterá a outros fatos históricos? Ele pode ser *estendido*? Pouquíssimo; seu desenvolvimento se dá principalmente em profundidade; para lhe dar algum sentido, seja ele qual for (e foram imaginados diversos), é preciso postular um fundo de Racine, um ser de Racine, mesmo que esse ser estivesse no mundo, em suma, é preciso abordar uma matéria *sem prova*, que é a subjetividade. É possível apreender objetivamente em Racine o funcionamento da instituição literária; é impossível pretender à mesma objetividade quando se quer surpreender nele o funcionamento da criação. É uma outra lógica, são outras exigências, outra responsabilidade; trata-se de interpretar a relação entre uma obra e um indivíduo: como fazer isso sem referência a uma psicologia? E como essa psicologia poderia não ser *escolhida* pelo crítico? Em suma, toda crítica da criação literária, por mais objetiva e pontual que se pretenda, só pode ser sistemática. Não cabe lamentá-lo, mas apenas reivindicar a franqueza do sistema.

...........................
7. Goldmann percebeu bem esse problema: tentou submeter Pascal e Racine a uma visão única, e nele o conceito de visão do mundo é expressamente sociológico.

| *História ou literatura?* |

É praticamente impossível abordar a criação literária sem postular a existência de uma relação entre a obra e algo que não seja a obra. Durante muito tempo acreditou-se que essa relação seria causal, que a obra seria um *produto*: daí as noções críticas de *fonte, gênese, reflexo* etc. Essa representação da relação criativa mostra-se cada vez menos defensável: ou a explicação toca uma parte ínfima da obra, e é desprezível, ou propõe uma relação maciça, cuja grosseria desperta milhares de objeções (Plekhanov, a aristocracia e o minueto). A idéia de produto, portanto, vai dando lugar aos poucos à idéia de signo: a obra seria o signo de um além de si mesma; a crítica consiste então em decifrar a significação, em descobrir seus termos e, principalmente, o termo oculto, o significado. Atualmente, é L. Goldmann quem apresenta a teoria mais avançada daquilo que se poderia chamar de crítica de significação, pelo menos quando aplicada a um significado histórico; pois, se nos ativermos ao significado psíquico, a crítica psicanalítica e a crítica sartriana já eram críticas de significação. Trata-se, pois, de um movimento geral que consiste em abrir a obra, não como efeito de uma causa, mas como significante de um significado.

Embora a crítica erudita (caberia dizer, para simplificar, acadêmica?) continue essencialmente fiel à idéia (orgânica, e não estrutural) de *gênese*, ocorre precisamente que a exegese raciniana tende a decifrar Racine como um sistema de significações. Como? A partir da alegoria (ou da chave, da alusão, segundo os autores). Sabe-se que Racine hoje suscita toda uma reconstituição das "chaves" históricas (Orcibal) ou biográficas

(Jasinski): Andrômaca seria Du Parc? Orestes seria Racine? Mônima seria Champmeslé? As jovens judias de *Ester* representariam as Filles de l'Enfance* de Toulouse? Atalia seria Guilherme de Orange? etc. Ora, seja qual for o rigor ou a indefinição que lhe atribuamos, a alegoria é essencialmente uma significação, aproxima um significante e um significado. Não voltaremos à questão de saber se não seria mais interessante estudar a linguagem alegórica como um fato de época do que examinar a probabilidade desta ou daquela chave. Consideraremos apenas o seguinte: a obra é julgada como *linguagem* de algo, ora um fato político, ora o próprio Racine.

O problema é que a decifração de uma linguagem desconhecida, para a qual não existe testemunho documental análogo à pedra de Roseta, é literalmente improvável, a não ser que se recorra a postulados psicológicos. Seja qual for o esforço de rigor ou prudência que a crítica de significação se imponha, o caráter sistemático da leitura está em todos os níveis. Primeiramente, no próprio nível do significante. O que exatamente significa? uma palavra? um verso? uma personagem? uma situação? uma tragédia? o corpo inteiro da obra[8]? Quem pode decretar o significante fora de uma via propriamente indutiva, ou

---

* Instituição de ensino destinada a moças. [N. da T.]

8. Como Carlos I entregou seus filhos a Henriqueta da Inglaterra com as seguintes palavras: "*Não poderia entregar-vos penhores mais caros*", e Heitor entrega seu filho a Andrômaca com o seguinte verso: "*Entrego-te meu filho como penhor de minha fé*", R. Jasinski vê nisso uma relação significativa, conclui por uma fonte, um modelo. Para apreciar a probabilidade de tal significação, que pode perfeitamente ser apenas coincidência, é preciso remeter-se à discussão de Marc Bloch em *Métier d'historien* (pp. 60 ss.; Trad. bras. *Apologia da história* ou o *Ofício do historiador*, J. Zahar, 2002).

| *História ou literatura?* |

seja, sem propor *inicialmente* o significado, antes do significante? E o seguinte, que é mais sistemático ainda: o que fazer das partes da obra das quais não se diz o que significam? A analogia é uma rede de malhas grossas: três quartos do discurso raciniano a atravessam. E, quando se começa a empreender uma crítica das significações, como parar no meio do caminho? Caberá relegar todo o insignificante a uma alquimia misteriosa da criação, dispensando a um verso tesouros de rigor científico e, no restante, entregando-se preguiçosamente a uma concepção propriamente mágica da obra de arte? E que *provas* apresentar de uma significação? O número e a convergência dos indícios factuais (Orcibal)? Com isso não se atinge nem sequer o provável, mas apenas o plausível. A "felicidade" de uma expressão (Jasinski)? É um postulado típico inferir da qualidade de um verso a "vivência" do sentimento que ele exprime. A coerência do sistema significante (Goldmann)? A meu ver, essa é a única *prova* aceitável, visto que toda linguagem é um sistema fortemente coordenado; mas então, para que seja manifesta, a coerência precisa ser estendida a *toda* a obra, ou seja, é preciso aceitar a aventura de uma crítica total. Assim, de todos os lados, as intenções objetivas da crítica de significação são demolidas pelo estatuto essencialmente *arbitrário* de todo sistema lingüístico.

A mesma arbitrariedade existe no nível dos significados. Se a obra significa o mundo, em que nível do mundo deter a significação? Na atualidade (Restauração inglesa para *Atalia*)? Na crise política (crise turca de 1671 para *Mitrídates*)? Na "corrente de opinião"? Na "visão de mundo" (Goldmann)? E, se a obra significa o autor, a mesma incerteza recomeça: em que nível da pessoa fixar o significado? na circunstância biográfica? no nível passional? numa psicologia etária? numa *psique* de tipo arcaico (Mauron)? A cada vez é preciso decidir um patamar, menos em função da obra do que da idéia preconcebida que se tenha da psicologia ou do mundo.

A crítica de autor é, em suma, uma semiologia que não ousa dizer seu nome. Se ousasse, pelo menos conheceria seus limites, mostraria suas escolhas; saberia que sempre precisa levar em conta duas arbitrariedades, portanto assumi-las. Por um lado, para um significante, há sempre vários significados possíveis: os signos são eternamente ambíguos, a decifração é sempre uma escolha. Em *Ester*, os israelitas oprimidos seriam os protestantes, os jansenistas, as Filles de l'Enfance ou a humanidade privada de redenção? Em *A Terra que bebe o sangue de Erecteu* haverá um colorido mitológico, um rasgo preciosista ou um fragmento de fantasia propriamente raciniana? A ausência de Mitrídates seria exílio de algum rei temporal ou silêncio ameaçador do Pai? Para um signo, quantos significados! Não se está querendo dizer que é inútil sopesar a verossimilhança de cada um deles; o que se quer dizer é que só é possível, afinal, escolher se posicionando ante o sistema mental em sua integridade. Se alguém decidir que Mitrídates é o Pai, estará fazendo psicanálise; mas, se decidir que ele é Corneille, estará se referindo a um postulado psicológico também arbitrário, por mais banal que seja. Por outro lado, a decisão de deter num ponto e não em outro o sentido da obra também é engajada⁹. A maioria dos críticos imagina que um ponto de fixação superficial garante maior objetividade: quem fica na superfície dos fatos os respeitaria mais; a timidez e a banalidade da hipótese seriam marca de sua validade. Daí decorre um levantamento cuidadoso e freqüentemente fino dos fatos, mas cuja interpretação é prudentemente interrompida no exato momento em que se tornaria esclarecedora. Por exemplo, nota-se em Racine uma obsessão pelos olhos, mas é vedado falar de fetichismo; notam-se rasgos de crueldade, mas não se quer admitir que se trate de sadismo, pretextando-se que a palavra não existia no século XVII (é mais ou menos como se nos recusássemos a reconstituir o clima de um país numa época passada pretextando que ainda não existia dendroclimatologia); nota-se que por volta de 1675 a ópera suplanta a tragédia; mas essa mudança de mentalidade é reduzida ao nível de *circunstância*: essa é uma das causas possíveis do silêncio de Racine após *Fedra*. Ora, essa prudência já é uma visão sistemática, pois as coisas não significam mais ou menos, elas significam ou não significam: dizer que significam superficialmente já é tomar partido sobre o mundo. E, se todas as significações são reconhecidas como presuntivas, como deixar de dar preferência àquelas que se situam indubitavelmente no mais profundo da pessoa (Mauron) ou do mundo (Goldmann), onde se tem alguma probabilidade de atingir uma unidade verdadeira? Arriscando certo

---

9. Sartre mostrou que a crítica psicológica (a de P. Bourget, por exemplo) detinha-se cedo demais, exatamente onde a explicação deveria começar (*L'Être et le néant*, Gallimard, 1948, pp. 643 ss. [Trad. bras. *O ser e o nada*, Vozes, 2005]).

número de chaves, R. Jasinski sugere que Agripina representa Port-Royal. Muito bem; mas não entendemos por que essa equivalência é aventurada só para ficar no meio do caminho. Quanto mais se avança na hipótese, mais ela esclarece, mais se torna verossímil; porque só se pode encontrar Port-Royal em Agripina inferindo-se de ambos um arquétipo ameaçador, alojado no mais profundo da *psique* raciniana: Agripina só é Port-Royal se ambos forem o Pai, no sentido plenamente psicanalítico do termo.

De fato, nunca é inocente o ponto de fixação imposto pelo crítico para a significação. Revela a situação do crítico, introduz fatalmente a uma crítica das críticas. Toda leitura de Racine, por mais impessoal que se obrigue a ser, é um teste projetivo. Alguns declaram suas referências: Mauron é psicanalista, Goldmann é marxista. Caberia interrogar os outros. E, visto que são historiadores da criação literária, como imaginam eles essa criação? O que é exatamente uma *obra* na opinião deles?

Para começar, é essencialmente uma alquimia; há, por um lado, os materiais históricos, biográficos, tradicionais (fontes); por outro lado (pois é evidente que há um abismo entre esses materiais e a obra), há um *não-sei-quê*, com nomes nobres e vagos: é *o elã gerador*, o *mistério da alma*, a *síntese*, em suma, a *Vida*; dessa parte pouco se cuida, a não ser para respeitá-la pudicamente; mas, ao mesmo tempo, proíbe-se que nela se toque: seria abandonar a ciência pelo sistema. Assim, vemos as mesmas pessoas empenhar-se com rigor científico num detalhe acessório (quantas invectivas lançadas por causa de uma data ou de uma vírgula!) e, no essencial, render-se sem combater a uma concepção puramente mágica da obra: de um lado, todas as desconfianças do positivismo mais exigente; de outro, o recurso complacente à eterna tautologia das explicações escolásticas; assim como o ópio faz dormir por uma virtude dormitiva, também Racine cria por uma virtude criativa: curiosa concepção sobre o mistério, que está sempre se esmerando por lhe atribuir causas ínfimas; e curiosa concepção sobre a ciência, que faz dela a guardiã ciosa do incognoscível. O mais interessante é que o mito romântico da inspiração (pois, em suma, o elã *gerador* de Racine nada mais é que o nome profano de sua musa) aí se alia a todo um aparato cientificista; assim, de duas ideologias contraditórias[10] nasce um sistema bastardo e, talvez, uma ciranda cômoda, a obra é racional ou irracional segundo as necessidades da causa:

> Sou pássaro; vejam minhas asas...
> Sou morcego; vivam os ratos!

Sou razão; vejam minhas provas. Sou mistério; proibido aproximar-se.

A idéia de considerar a obra como uma síntese (misteriosa) de elementos (racionais) provavelmente não é falsa nem verda-

---

10. K. Mannheim mostrou o caráter ideológico do positivismo, o que, aliás, não o impediu de ser fecundo *(Idéologie et Utopie*, Rivière, 1956, pp. 93 ss. [Trad. bras. *Ideologia e utopia*, LTC, 4ª ed., 1986]).

deira; é simplesmente uma maneira – muito sistemática e perfeitamente datada – de representar as coisas. Outra, não menos particular, consiste em identificar fatalmente o autor, suas amantes e seus amigos com suas personagens. *Racine é Orestes com vinte e seis anos, Racine é Nero; Andrômaca é Du Parc; Burrhus é Vitart* etc., quantas afirmações desse tipo na crítica raciniana, que justifica o excessivo interesse que tem pelos conhecidos do poeta na esperança de encontrá-los *transpostos* (mais uma palavra mágica) para as personagens da tragédia. *Nada se cria do nada*; essa lei da natureza orgânica passa para a criação literária sem sombra de dúvida: a personagem só pode nascer de uma pessoa. Se pelo menos se supusesse certa indiferenciação na figura geradora, de tal modo que se tentasse apreender a zona fantasmática da criação... Mas, ao contrário, o que nos propõem são as imitações mais circunstanciais possíveis, como se fosse comprovado que o *eu* só retém os modelos que ele não pode deformar; do modelo à cópia, exige-se um termo comum ingenuamente superficial: Andrômaca reproduz Du Parc porque as duas eram viúvas, fiéis e tinham um filho; Racine é Orestes porque tinham o mesmo tipo de paixão etc. Essa é uma visão absolutamente parcial da psicologia. Em primeiro lugar, uma personagem pode nascer de qualquer coisa que não seja uma pessoa: de uma pulsão, de um desejo, de uma resistência ou até, mais simplesmente, de uma espécie de organização endógena da situação trágica. Além disso, se há modelo, o *sentido* da relação não é forçosamente analógico: há filiações invertidas, antifrásticas, poderíamos dizer; não há muita audácia em imaginar que, na criação, os fenômenos de denegação e compensação sejam tão fecundos quanto os fenômenos de imitação.

Aqui nos aproximamos do postulado que rege toda representação tradicional da literatura: a obra é imitação, tem modelos, e a relação entre a obra e os modelos só pode ser analógica. *Fedra* põe em cena um desejo incestuoso; em virtude do dogma da analogia, buscar-se-á na vida de Racine uma situação incestuosa (Racine e as filhas de Du Parc). Até Goldmann, tão preocupado em procurar intermediações entre a obra e seu significado, cede ao postulado analógico: como Pascal e Racine pertenciam a um grupo social politicamente frustrado, sua visão do mundo *reproduzirá* essa frustração, como se o escritor não tivesse outro poder senão o de se copiar literalmente[11]. No entanto, e se a obra fosse exatamente aquilo que o autor não conhece, aquilo que o autor não viu? Não é preciso ser psicanalista para imaginar que um ato (e principalmente um ato literário, que não espera nenhuma sanção da realidade imediata) possa ser o signo invertido de uma intenção; que, por exemplo, *em certas condições* (cujo exame deveria ser tarefa da crítica), Tito fiel possa, afinal, significar Racine infiel; que Orestes seja, talvez, precisamente o que Racine acredita não ser etc. É preciso ir mais longe e perguntar se o principal esforço da crítica não deve incidir sobre os processos de deformação, mais do que

---

11. Infinitamente menos flexível que Goldmann, outro marxista, George Thomson, estabeleceu uma relação brutalmente analógica entre a inversão dos valores no século V a.C., cujos rastros acredita encontrar na tragédia grega, e a passagem da economia rural à economia mercantil, caracterizada pela brusca promoção do dinheiro (*Marxism and Poetry*).

sobre os de imitação; supondo-se que se *prove* um modelo, o interesse está em mostrar como ele se deforma, se nega ou até se desvanece; *a imaginação é deformadora; a atividade poética consiste em desfazer imagens*: essa afirmação de Bachelard ainda se afigura uma heresia, uma vez que a crítica positivista continua privilegiando de modo exorbitante o estudo das origens[12]. Entre a obra estimável de Knight, que inventaria todos os empréstimos da Grécia a Racine, e a de Mauron, que tenta compreender como esses empréstimos se deformaram, será lícito acreditar que o segundo se aproxima mais do segredo da criação[13].

Assim sendo, a crítica analógica acaba sendo tão arriscada quanto a outra. Obcecada, ouso dizer, por "desentocar" semelhanças, ela só conhece uma técnica: a indução; de um fato hipotético ela extrai conseqüências logo seguras, constrói certo sistema em função de certa lógica. *Se* Andrômaca é Du Parc, *então* Pirro é Racine etc.: R. Jasinski, *guiado* pela "Folle Querelle"\*, escreve: *Se pudéssemos acreditar numa desventura amorosa de Racine, a gênese de* Andrômaca *se tornaria clara*. Quem a procura naturalmente a encontra. As semelhanças proliferam mais ou menos como os álibis na linguagem paranóica. Não há por que se queixar, visto que a demonstração de coerência

..........................

12. Sobre o mito das origens, ver Bloch, *Métier d'historien*, pp. 6 e 15.
13. Não há nenhuma razão para que a crítica considere as fontes literárias de uma obra, de uma personagem ou de uma situação como fatos brutos: se Racine escolhe Tácito, é porque em Tácito há fantasmas já racinianos: para Tácito também cabe uma crítica psicológica, com todas as suas escolhas e incertezas.

\* *Folle Querelle* (trad. lit. Louca Disputa) foi uma peça escrita por Subligny contra Racine, em torno da disputa surgida entre os admiradores e os detratores do autor a propósito de *Andrômaca*. [N. da T.]

é sempre um belo espetáculo de crítica; mas não estará evidente que, embora o conteúdo episódico da prova seja objetivo, o postulado que justifica sua busca é perfeitamente sistemático? Se esse postulado fosse reconhecido, se o fato, sem renúncia às garantias tradicionais de seu estabelecimento, deixasse de ser o álibi cientificista de uma opção psicológica, então, por uma inversão paradoxal, a erudição se tornaria finalmente fecunda, uma vez que abriria as portas para significações manifestamente relativas, e não mais ornadas com as cores de uma natureza eterna. R. Jasinski postula que o "eu profundo" é modificado por situações e incidências, portanto pelos dados biográficos. Ora, essa concepção do *eu* está tão distante da psicologia, tal como poderia ser imaginada pelos contemporâneos de Racine, quanto das concepções atuais, segundo as quais o *eu* profundo é precisamente aquele que se define pela fixidez estrutural (psicanálise) ou pela liberdade que *faz* a biografia, em vez de ser condicionada por ela (Sartre). De fato, R. Jasinski projeta sua própria psicologia em Racine, como cada um de nós; assim como A. Adam, que tem o direito de dizer que determinada cena de *Mitrídates* mexe com "aquilo que temos de melhor"; juízo expressamente normativo, legítimo, desde que não declare adiante que é "absurda e bárbara" a interpretação dada por Spitzer à narrativa de Terâmenes. Alguém ousará dizer a Jean Pommier que o que agrada em sua erudição é o fato de ela marcar preferências, farejar certos temas, e não outros, enfim, de ser a máscara viva de algumas obsessões? Não será mais sacrílego, algum dia, psicanalisar a Universidade? E, voltando a Racine, alguém acreditará que seja possível desmontar o mito raciniano sem o comparecimento de *todos* os críticos que falaram de Racine?

Seria lícito pedir que essa psicologia que fundamenta a crítica erudita, psicologia que, *grosso modo*, reinava quando nasceu o sistema lansoniano, concordasse em renovar-se um pouco, seguir um pouco menos Théodule Ribot. Nem sequer isso lhe é solicitado, mas, simplesmente, que mostre suas escolhas.

A literatura se presta à pesquisa objetiva em toda a sua face institucional (ainda que aqui, como em história, o crítico não tenha interesse algum em mascarar sua própria situação). Quanto ao avesso das coisas, quanto àquele elo sutilíssimo que une a obra a seu criador, como tocar nele, senão em termos engajados? De todas as abordagens do homem, a psicologia é a mais *improvável*, a mais marcada por seu tempo. Isso porque o *conhecimento* do eu profundo é ilusório: só há maneiras diferentes de falar dele. Racine se presta a várias linguagens: psicanalítica, existencial, trágica, psicológica (podemos inventar outras; serão inventadas outras); nenhuma é inocente. Mas reconhecer essa impotência para *falar a verdade* sobre Racine é precisamente reconhecer, afinal, o estatuto especial da literatura. Ele está contido num paradoxo: a literatura é o conjunto de objetos e regras, de técnicas e obras, cuja função na economia geral de nossa sociedade é, precisamente, *institucionalizar a subjetividade*. Para acompanhar esse movimento, o próprio crítico precisa tornar-se paradoxal, deixar à mostra a aposta fatal que o faz falar de Racine de um modo e não de outro: ele

| *História ou literatura?* |

também faz parte da literatura. A primeira regra objetiva é anunciar o sistema de leitura, ficando claro que não existe nenhum que seja neutro. De todos os trabalhos que citei[14], não contesto nenhum, posso até dizer que, por motivos diversos, admiro todos. Lamento apenas que tanto empenho esteja a serviço de uma causa confusa: pois, quem quiser fazer história literária, terá que renunciar ao indivíduo Racine, voltar-se deliberadamente para o nível das técnicas, das regras, dos ritos e das mentalidades coletivas; e quem quiser se instalar em Racine, seja lá em que termos for, quem quiser dizer nem que seja uma palavra do *eu* raciniano, terá que concordar em ver o mais humilde dos saberes tornar-se de repente sistemático, e em ver o mais prudente dos críticos revelar-se como ser plenamente subjetivo, plenamente histórico.

..........................
**14.** Obras citadas: A. Adam, *Histoire de la littérature française au XVIIᵉ siècle*, tomo IV, Domat, 1958, 391 p. – M. Bloch, *Apologie pour l'histoire ou métier d'historien*, Armand Colin, 1959, 3ª ed., XVII-111 p. – L. Goldmann, *Le Dieu caché*, Gallimard, 1955, 454 p. – M. Granet, *Études sociologiques sur la Chine*, PUF, 1953, XX-303 p. – R. Jasinski, *Vers le vrai Racine*, Armand Colin, 1958, 2º vol., XXVII 491-563 pp. – R. C. Knight, *Racine et la Grèce*, Paris, Boivin, 1950, 467 p. – Ch. Mauron, *L'Inconscient dans l'oeuvre et la vie de Racine*, Gap, Ophrys, 1957, 350 p. – J. Orcibal, *La Genèse d'Esther et d'Athalie*, Paris, Vrin, 1950, 152 p. – R. Picard, *La Carrière de Jean Racine*, Gallimard, 1956, 708 p. – J. Pommier, *Aspects de Racine*, Nizet, 1954, XXXVIII-465 p. – Thierry Maulnier, *Racine*, Gallimard, 43ª ed., 1947, 311 p.

Orgrafic
Gráfica e Editora
tel.: 25226368